MAX KIBLER · IST DAS RICHTIG, HERR DOKTOR?

OSTERN 1989

von Mama

MAX KIBLER

Ist das richtig, Herr Doktor?

Eine heitere Erzählung

J. F. Steinkopf Verlag
Stuttgart

MEINER LIEBEN FRAU

»Und scheint mein Wort Dir gar zu kühn,
nicht gut mein Tun,
Du hast mir schon so oft verziehn.
Verzeih' auch nun.«

WILHELM BUSCH
Auf der letzten Seite der
KRITIK DES HERZENS

CIP-Kurztitelaufnahme der deutschen Bibliothek
Kibler, Max:
Ist das richtig, Herr Doktor?
Eine heitere Erzählung
Max Kibler. / 1. Aufl. – Stuttgart: Steinkopf, 1983.
ISBN 3-7984-0567-0

Zuerst erschienen 1955 im Verlag Adolf Bonz & Co., Stuttgart

Auflage: 5 4 3 2
Jahr: 89 87 85 84

Einbandgestaltung unter Verwendung eines Luftbildes
von Karl Goergen. Freigegeben durch Regierungspräsidium
Stuttgart Nr. B 17055
Gesamtherstellung Clausen & Bosse, Leck
Alle Rechte vorbehalten
© J. F. Steinkopf Verlag GmbH, Stuttgart 1983

VORWORT

Diese Geschichte ist natürlich nicht geschehen, und sie ist auch nicht in Schwäbisch Hall geschehen. Wäre es anders, so dürfte ich sie nicht erzählen. Aber sie hat die Farbe von Hall und seinen Bewohnern. Es ist hier niemand konterfeit oder gemeint außer vielleicht eben die Diakonie. Leute, die gerne in Skandalgeschichten schnüffeln und Schlüsselromane lieben, sollten das Büchlein nicht lesen. Es ist eine fröhliche Geschichte. Vielleicht merkt aber der eine oder andere Leser, daß sie doppelbödig ist wie die Aussprüche des alten Dußler. Zwei Ansichten, zwei Generationen, zwei Meinungen stoßen zusammen, und jede denkt von sich, daß sie recht habe. Der alte Schäfer Dußler würde wohl dazu sagen: »So isch no au wieder«, was in einem Deutsch, das jedem und nicht nur einem Schwaben geläufig ist, heißen würde: Beide haben recht, und ob alle zusammen recht oder unrecht haben, das müßte sich erst noch weisen. Wenn es nicht zu schwäbisch gewesen wäre, hätte der Titel des Büchleins heißen müssen: »So isch no au wieder.«

Heilbronn, im Dezember 1954

INHALT

Vorwort	5
D' Schafläus'	7
Der schwäbische Gruß	17
Der Apfel des Jakob Adam	30
Das Wunder	44
Der Jacobimarkt	61
Hasch-hasch	74
»Da muß es endlich brennen«	86
Der Burrenhof	99
Der grausige Dinger	108
Sommerjohanne	117
Erläuterungen	125

D' SCHAFLÄUS'

Doktor Jakob Dußler von Hülben auf der Schwäbischen Alb im Oberamt Urach war ein Jahr lang auf der »Stuttgart« zwischen Bremen und Hongkong als Schiffsarzt gefahren. Nun saß er zum ersten Mal wieder auf dem Hohenneuffen an seinem angestammten Platz. Das war auf der äußersten Bastei, von der man den ganzen Albtrauf nach beiden Seiten überblickt. Linker Hand schieben sich die Bergrücken bis zum Roßberg mit ihren Wäldern vor, einer hinter dem andern, um dann steil in die Ebene abzufallen. Die Achalm steht eigensinnig und spitzig als Vorposten gegen die Ebene. Rechter Hand leuchtet die Teck mit weißen Felswänden zwischen dunklen Wäldern. Sie ragt weit vor, läßt aber gerade noch dem Hohenstaufen die Möglichkeit, sich als Gegenstück zur Achalm zu zeigen.

Vor dem Albtrauf liegt das Land ausgebreitet und weit, so daß Dußler bei dieser Aussicht jedes Mal eine Stelle aus dem »Abu Telfan« einfiel: »Nun sag mir, ob diese Gegend nicht daliegt, wie Goethes sämtliche Werke in vierzig Bänden? ... Von diesem Steinhaufen aus bis zum Horizont und hinaus über den Horizont sagt alles mit Behaglichkeit: Blättern Sie weiter, auch über die nächste Seite scheint die Sonne!«

Links im Dunst sah man heute gerade noch die Wurmlinger Kapelle und das Tübinger Schloß, dahinter die blauen Linien des Schwarzwaldes. Zwischen reifen Feldern und grünem Wald schienen die Städte und Dörfer in der heißen Junisonne zu schlafen. Wie oft hatte er als Bub hier oben den Vater gefragt: »Wo ist nun Stuttgart? Welches ist der Asperg? Wo fängt der Welzheimer und wo der Mainhardter Wald an? Wo fließt der Neckar, wo ist sein Knie bei Plochingen?« Alles lag noch da wie zu seiner Kinderzeit, ausgebreitet wie »Goethes sämtliche Werke in vierzig Bänden«. Der Mittag stieg zit-

ternd und heiß aus den reifen Feldern in die blaue Luft. Es roch nach Sommer, Alb und Heimat.
Dußler auf seinem Mauervorsprung ließ die langen Beine über die Felsen hängen und die Hände lässig und faul zwischen den Knien baumeln. Er sog den Duft des Sommers genießerisch ein und schnupperte wie seines Vaters Schäferhunde. Er blinzelte in die gelbe und blaue Ferne, während seine Gedanken an ein paar Versen herumbosselten, die ihm halbfertig durch den Kopf gingen, aber nicht die Form bekommen wollten, die ihm genügt hätte. Er war beileibe kein Dichter oder hielt sich gar für einen solchen. Aber als richtiger Schwabe deckte er seinen Bedarf an Versen in der Regel selbst. Er konnte zu jeder Gelegenheit ganz ordentliche Reimereien aus dem Ärmel schütteln. Für Gedichte hielt er solches Machwerk nicht. Nur ganz selten, zum Beispiel an diesem Junitag, trieb es ihn, auch einmal Verse zu machen, die ihn des Aufschreibens wert dünkten.
Er hatte nun achtundzwanzig Jahre auf seinem Rücken und einiges hinter sich. Sein Vater, Immanuel Dußler, war ein recht vermöglicher Schafhalter und Schäfer drüben in Hülben. Der hatte ihn auf die höhere Schule, auf die Lateinschule nach Urach geschickt und dann, weil der Sohn einen ganz guten Lernkopf sein eigen nannte, als Gast durchs evangelische Seminar in Urach bis zum Abitur laufen lassen. Mit dem Studium fing Jakob Dußler natürlich dort drüben in Tübingen an; dort drüben, wo man heute Schloß und Österberg in blau und grau ahnte. Daß er Medizin studieren wollte, war dem Vater gerade recht gewesen, obwohl dieser mit den Ärzten im allgemeinen nicht besonders gut stand. War doch der Vater selbst so ein halber Doktor, wenn auch freilich ein unstudierter, der für seine Ratschläge kein Geld nahm und der seine Arzneien aus allen möglichen Kräutern selbst zubereitete. Vielleicht verübelten ihm seine approbierten Kollegen am meisten, daß er mehr als einem Kranken, bei dem ihr Universitätswissen versagt hatte, mit seinen Aufgüssen und Ratschlägen geholfen hatte. Trotz all dem geheimen Re-

spekt, den sie dem alten Schäfer nicht gut versagen konnten, hätten sie ihm doch gern einmal wegen seiner Kurpfuscherei etwas am Zeug geflickt. Das aber war ihnen nie gelungen. Der alte Dußler hatte niemanden umgebracht, er hatte von niemandem Geld genommen, und er hatte auch keine Reklame für sich gemacht. Er besaß nicht einmal ein Warte- oder Sprechzimmer, wenn man nicht die weite Schafweide mit den Wacholderbüschen und den Kalkfelsen als Wartezimmer und den Schatten irgendeiner Einzechtbuche als Sprechzimmer ansehen wollte.

Immanuel Dußler ging noch immer so auf die Weide, wie man die Schäfer auf den Bildern sieht: Mit Wurfschaufel und Schäferhund stand er bei seiner Herde und schaute nach den Schafen, nach dem Wetter, den Wolken und nach irgendwohin, wohin andere nicht sehen konnten. Der bartlose Mann mit dem breitrandigen Hut über dem braungegerbten Gesicht sprach wenig und das Wenige langsam. Die starken Schultern deckte im Sommer das blaue Hemd, das da oben auf der Alb Bauern und Schäfer und nicht nur Fuhrleute tragen. Wenn aber die erste Kühle im Jahr einbricht – und dort oben geschieht das früh –, dann bleibt der Lammfellmantel auf der Schulter, bis im Mai die Sonne wieder zu Kräften kommt und sogar auf der Rauhen Alb zu wärmen anfängt. Nie ging der Alte über seine Weide, ohne sich immer wieder nach »seinen« Kräutern zu bücken. Je nach der Jahreszeit wuchsen da Heuschlaufen oder Thymian, Hornklee, Blutwurzel, Augentrost, Rehkraut und wohl noch zwanzig oder dreißig andere. Alle konnte der Schäfer brauchen. Was er aber für seine Praxis nötig hatte, das pflegte er sich alle sechs bis acht Wochen drunten in Urach in der Rathausapotheke beim Apotheker Seibold zu holen. Waren keine Ärzte im Laden, so begrüßte ihn der alte Seibold recht freundlich und nahm ihn öfters zu sich in sein Hinterstübchen, denn er war ein Pflanzennarr und schätzte des Schäfers Wissen um Kraut und Sträucher. Mehr als einmal hatte ihm Dußler recht seltene Standorte verraten, so einmal den einer wildwachsenden

Eibe am Nägelesfelsen und ein andermal den einer Felsenbirne auf dem Dettinger Roßberg.
War der alte Seibold zwischen seinen Gläsern und Salbentöpfen gerade einmal mit dem Schäfer allein, so gab es nicht selten eine ausgiebige botanische Unterhaltung. Klingelte dann aber die Ladentür, um einen richtigen Doktor einzulassen, so war dem Apotheker dieses vertrauliche Zusammensein ein wenig peinlich, und es konnte geschehen, daß er den unstudierten Jünger der Heilkunst so lange übersah, bis der studierte den Laden wieder verlassen hatte.
Jakob Dußler erinnerte sich noch sehr lebhaft an ein solches Vorkommnis in seiner Jugend: Der Vater stand wartend neben dem übereifrigen Apotheker, der den Schäfer in seinem Blauhemd gar nicht zu bemerken schien. In dem sehr ernsten Gesicht des Alten von Hülben zuckte es wie Spott um die Augenwinkel. Als der Oberamtsarzt freundlich verabschiedet war, drehte sich der Apotheker ein bißchen überhöflich zu seinem anderen Kunden herum: »Nun, mein lieber Herr Dußler, was wollen wir?«
Der »liebe Herr Dußler« antwortete aber nur:
»So isch no au wieder.«
Jakob bewunderte seinen Vater noch heute, nach bald zwanzig Jahren, ob dieses Wortes und dieses Tonfalles. Der Vater hatte mit dem einzigen Satz wirklich alles gesagt, was man hätte sagen können, und der Apotheker lief rot an bis zu den Haarwurzeln. Er sagte nur »ja, ja« und dann sehr dienstfertig:
»Haben Sie sonst noch einen besonderen Wunsch?«
Jakob war jetzt mit seinen Gedanken ganz bei seinem Vater. Was der Sohn auf der Universität als Heilkunde gelernt hatte, sah freilich etwas anders aus als das, was der Vater trieb, aber auch in Tübingen in der Klinik waren gar manche nicht gesund geworden, und gar manchem hatte der Vater geholfen – oder der liebe Gott –, und zwar auch in Fällen, wo der Tübinger Professor nicht mehr weiter gewußt hatte. Wenn im Kolleg, im Hörsaal, gegen die Kurpfuscher gewettert wurde, so hatte der Student und später der Kandidat stets ein eigenarti-

ges Gefühl im Hals gehabt. Halb fühlte er sich den Verdammten und halb den Verdammenden zugehörig. Nicht selten schien ihm des Vaters Gallentee wenigstens harmloser und unschädlicher als manche teuren Tabletten oder Pillen.
Dabei fiel ihm wieder so eine Geschichte ein, die er ebenfalls in der Apotheke mit dem Vater vor vielen Jahren erlebt hatte. Jakob mochte um die zehn Jahre alt gewesen sein, er erinnerte sich wenigstens noch genau daran, daß er damals schon Lateinschüler war. Er hatte auf den Vater in der Apotheke gewartet, um mit ihm zusammen auf die Alb hinaufzusteigen. Damals hatte er noch viel Respekt vor Titeln und vor Autoritäten. Der Vater hatte sein Kräuterpaket noch nicht erhalten, und neben ihm wartete der Herr Dekan auf die Einlösung eines Rezepts. Als Bruder des Oberamtsarztes war der Dekan auf den Schäfer nicht allzugut zu sprechen. Dazu kam, daß der alte Dußler kein sehr regelmäßiger Kirchgänger, aber ein eifriger »Stundenmann« war. Ja, in der Stunde hatte der Vater sogar eine gewisse Bedeutung. Er sprach zwar auch dort nur selten, aber wenn er es tat, hatte das Gesagte Hand und Fuß und bei den anderen Stundenleuten Gewicht. Von dem, was der Herr Dekan am Sonntag predigte, wich der alte Schäfer manchmal nicht unerheblich ab, denn er hatte nicht nur seine eigene Medizin, sondern er hatte sich auch aus der Bibel eine eigene Theologie herausdestilliert, und er gab davon an die, die sie hören wollten, weiter.
Heute steckte der Gehilfe das unförmige Kräuterpaket dem Schäfer in den Zwerchsack. Dem Dekan händigte der Apotheker seine Tablettenschachtel aus. Da wandte sich im Hinausgehen der Dekan recht salbungsvoll und mit belehrendem Wohlwollen an Dußler, den er durch seine goldumrandeten Brillengläser eindringlich ansah:
»Wie könnt Ihr bloß glauben, daß Euer Heu da mehr hilft als solche Tabletten, die eine Weltfirma herstellt?«
»Wissen Sie, Herr Dekan, was darüber in der Bibel steht?« antwortete ihm der bibelfeste Stundenmann. »Im Jesus Sirach steht es, im 38. Kapitel, im 4. Vers: Der Herr läßt die

Arznei aus der Erde wachsen, aus der Erde wachsen – nicht aus der Pillenmaschine rugeln, und ein Vernünftiger verachtet sie nicht.«

Das »und ein Vernünftiger« hatte Jakob noch genau so gut in den Ohren wie jenes »so isch no au wieder«. Der Dekan drehte sich um und verließ mit einem »Auf Wiedersehen, Herr Apotheker« den Laden. »So isch no au wieder« hatte der alte Dußler ihm nachgebrummt. Das war des Vaters Leib- und Magenspruch. Es wäre wohl sein Wappenspruch gewesen, wenn die Dußler von Hülben ein Wappen geführt hätten.

Jakob hing in seinen Gedanken noch weiter dem Vater nach. Studiert hatte der nicht. Auf dem Bücherbord neben Mutters Bild stand die Familienbibel, Starks Gebetbuch, alle Bände des Pietistenvaters Hahn, das Gesangbuch, ein paar sehr zerlesene Bände über Tierarzneikunde und über Homöopathie. In diesen paar Büchern las der Vater viel, noch mehr aber dachte er allen möglichen Dingen nach, wenn er mit seinem bedächtigen Schritt über die Weide ging, oder wenn er an einem Wegrain ausruhte und seine Schafe hütete. Der Alte war wortkarg und konnte durch sein abwartendes Schweigen den redseligen Städter zum Mundhalten bringen. Aber wenn er einmal etwas sagte, war es oft auf eine seltsame Weise verdichtet oder doppelbödig.

»'s geit au no e Ennabeure hinter Ennabeure.« Das war auch einer von Vaters Lieblingssprüchen, den der eine Hörer ganz belanglos fand, und hinter dem ein andrer vermeinte, die ganze Ideenlehre Platos anklingen zu hören. Der Vater hatte ihn, Jakob, zum Studium der Medizin auf die Universität geschickt, obwohl er selbst doch ein richtiger Kurpfuscher war. Auch das war eine seiner Undurchsichtigkeiten gewesen: »Du muß alles können, was die Doktor können, aber noch ein bißle mehr; denn ein Doktor und ein Schäfer miteinander wissen immer noch mehr als ein Doktor allein.«

So war Dußler, der Sohn, nach Tübingen gezogen. Im Januar 1914 hatte er sein Physikum bestanden, und dann rückte er als Musketier zum königl. württ. Infanterieregiment 180 in

Tübingen ein, »nur für sechs Monate«, wie er sich tröstete. Aber mit seinem Jahrgang hatte er kein übermäßiges Glück gehabt, auch wenn schließlich alles noch einmal glimpflich abgegangen war. In dem heißen August jenes bösen Jahres kam das Regiment ins Elsaß, und bei Schirmeck wurde es so erheblich mitgenommen, daß sogar der Heeresbericht die Schlappe nicht ganz verschweigen konnte. Dußler erwischte einen schweren Oberschenkelschuß, mit dem er über ein halbes Jahr in ein paar Lazaretten herumlag, zuletzt in der Chirurgischen Klinik in »Neckartübingen«. In einer Schnellbleiche hatte man dann diese Kandidaten der Medizin zu Feldunterärzten aufgeputzt, und Feldunterarzt blieb Dußler, wie alle seine Examensgenossen, soweit sie mit dem Leben davonkamen, bis zum traurigen Ende des Kriegs. Feldunterarzt, das hieß: Kenntnisse werden durch stramme Haltung ersetzt; denn die Schnellbleiche im Ulmer Standortlazarett gab wenig mehr als stramme Haltung. Im Wintersemester 1918 fing der Feldunterarzt Dußler, immer noch in Uniform, aber ohne Abzeichen, das Studium wieder an. Nach seinem Staatsexamen im Jahre 1921 blieb er ein Jahr in Tübingen; Schafwolle und Hammelfleisch machten das trotz oder wegen der zunehmenden Geldentwertung möglich. Aber auch nach einem Jahr gab es nur unbezahlte Stellen. Schon war er entschlossen, sich auf einer solchen durch- und emporzuhungern, als ihm sein alter Regimentskamerad Schick begegnete, der über die Reutlinger Webschule zur Nordwolle in Bremen gekommen war. Schick vermittelte ihm eine Stelle als Schiffsarzt auf einem Frachter, der von Bremen nach Hongkong fuhr.

Es war kein uninteressantes Jahr gewesen. Der Schäfersbub von Hülben merkte, daß die Welt rund ist, und daß auch noch hinter Indien Leute wohnen. Die Ausbeute an ärztlichem Wissen, die er von Hongkong und Bremen mit heimbrachte, war freilich gering.

Nun saß der Schiffsarzt wieder daheim und suchte eine Assistentenstelle. Er hätte ebensogut frische Eier auf der Land-

straße suchen können. Gestern aber hatte sich dieses Eierwunder tatsächlich ereignet. Die schriftliche Bestätigung dieses Mirakels zog Dußler zum fünften oder sechsten Mal aus seiner linken Rocktasche: Ein grüner Briefumschlag mit ovalem Stempel. Die Stempelunterschrift lautete: Evangelische Diakonissenanstalt, Schwäbisch Hall. Der Brief stammte von einem Pfarrer Hartwig und war mit dessen großen und klaren Zügen unterzeichnet. Er enthielt die Mitteilung, daß der Herr Doktor eine halb bezahlte Volontärarztstelle auf der Inneren Abteilung (Chefarzt Dr. Härle) antreten könne. Bei Bewährung werde diese Stelle nach einem halben Jahr in eine voll bezahlte umgewandelt.
»Wir erwarten, daß Sie sich in den Geist unseres Hauses, das ein Haus der Inneren Mission ist, einzufügen wissen. Wir wünschen Ihnen und uns eine für unsere Kranken gesegnete Arbeit. Mit besten Grüßen usw. usw.«
Dußler las den Brief, den er allmählich fast auswendig wußte, noch einmal durch. Briefkopf und Maschinenschrift gaben über den Absender selbst wenig Auskunft. Die Unterschrift war zügig und selbstbewußt wie die eines Großindustriellen, aber was besagte schließlich eine Unterschrift? Unterschriften, Selbstbildnisse und Autobiographien zeigen in der Regel eher, wie jemand sein möchte, als wie jemand ist. Der Doktor der Medizin auf der Neuffenbastei blickte wieder in die Ferne und suchte sich den Geist eines solchen Hauses vorzustellen. Er wußte nicht sehr viel von Diakonissenhäusern. In Tübingen hatten in den meisten Kliniken Diakonissen gepflegt. Im Lazarett in Cinay hatte er mit Rotekreuzschwestern und Karbolmäusen, wie man die ungeprüften Helferinnen respektlos nannte, zusammen gearbeitet. Daß es da Unterschiede gab, war Dußler in Cinay und in Tübingen aufgegangen. Die Gemeindeschwester in Hülben gehörte zum Haller Mutterhaus. Sie war eine resolute Bauerntochter aus dem Hohenlohischen und war die rechte Hand des Uracher Doktors, der sie über den Schellenkönig lobte. Sonntags saß sie unter der Kanzel an ihrem Platz mit

frisch gestärkter fünfzipfeliger Haube und schneeweißer Schürze.

Schwester Marie war wohl seit 25 Jahren in Hülben. Sie gehörte zum Dorf wie der Pfarrer oder der Lehrer oder der Schultheiß. Sie machte den Kranken Wickel und Spritzen, schüttelte ihnen die Kissen, bettete, riet und half, wo es nötig war, und sie blieb auch dann noch tröstend bei Sterbenden bis zum bitteren Ende sitzen, wenn Doktor und Pfarrer längst gegangen waren.

Was war nun der Geist der Anstalt? Sehr fromm? Sehr patriarchalisch? Sehr von gestern? Sehr hilfsbereit? Sehr uniformiert? Den Pfarrer Hartwig hatte Dußler schon einmal gesehen, und beim Gedanken daran mußte er lachen. Vor ein paar Jahren war der Pfarrer zum Besuch der Schwesternstation gekommen. Er hatte morgens in der Kirche über den barmherzigen Samariter gepredigt und über die wenigen Arbeiter im Weinberg des Herrn. Aber am Nachmittag war er dann wieder einmal zum alten Schäfer Dußler gegangen und hatte ihn wegen eines Leberleidens um Rat gefragt. Offenbar hatten ihm weder seine Haller noch seine Tübinger Ärzte helfen können. Wie sagte doch der weise Otfried Müller, Professor für Innere Medizin in Tübingen, im Kolleg: »Auch ordentliche Professoren können irren.« Auch Schäfer können irren, aber beim Pfarrer Hartwig hatte der Schäfer recht behalten. Er empfahl nach alter Überlieferung Schafläuse zum Einnehmen, und der Pfarrer wurde gesund. Ob trotz oder wegen der Schafläuse, das wagte der junge Doktor der Medizin nicht zu entscheiden. Einen ganz unbestrittenen Erfolg aber hatten die Schafläuse: Sie verhalfen dem Sohn des Kurpfuschers und Schäfers zu einer Assistentenstelle. Die Liebe kann durch den Magen gehen, die Hilfsbereitschaft über eine kranke und wiedergenesene Leber. Die Überträger können von mancherlei Art sein, es können sogar Schafläuse sein, wenn sie der rechte Mann am rechten Platz zur rechten Zeit verordnet. Jakob Dußler steckte den Brief wieder in die Tasche: »Die Gottseligkeit ist zu allen Dingen nütze.« Dußler

führte gerne sein böses Maul spazieren. Er hatte vom Vater und vom evangelisch-theologischen Seminar in Urach einen rechtschaffenen Sack an Gesangbuchversen und Bibelsprüchen mitbekommen; aber was der Vater im Ernst meinte, das sagte nicht selten der Sohn mit freundlichem oder weniger freundlichem Spott. Die Stuttgarter Diakonissen in Tübingen hatten ihm seine so angewandte Bibelkenntnis manchmal übelgenommen, auch wenn sie ein verlegenes Schmunzeln nicht immer unterdrücken konnten.
»Ich werde mich schon zusammennehmen müssen, um in den Geist eines solchen Hauses zu passen.«
Dußler blickte wieder in die heiße und blaue Ferne hinaus. Die Schatten wurden mählich länger, und auf einmal waren die Verse wieder da und fügten sich nun wie von selbst zusammen:

> *Einmal möcht' ich einen lieben, langen Tag*
> *ganz allein mit dir durch Sommerlande schreiten,*
> *über Weid' und Hügel geh'n*
> *und vom Albfelsrand in blaue Weiten*
> *fernhin seh'n.*
> *Einmal einen lieben, langen Tag,*
> *wenn der Fuß vom Gras streift frischen Tau*
> *in der ersten Lerchenfrühe,*
> *wenn am Mittag aus dem dunkeln Blau*
> *Sommerhitze quillt und Erntemühe,*
> *wenn am Abend früher Schatten Länge*
> *alle Unrast schwaigt und alle Enge*
> *und nur umrißgroß die Berge steh'n.*
> *Einmal möcht' ich einen lieben, langen Tag*
> *ganz allein mit dir durch Sommerlande geh'n.*

»Schwaigt«, man könnte natürlich auch »stillt« sagen, aber in diese aktive schwäbische Form für »jemanden schweigen machen« war Dußler ganz verliebt, und er streichelte das Wort in Gedanken. »Schwaigen«, das klingt nach Zurruhebringen, nach Schlafendürfen, nach Getröstetwerden, das fühlt sich an wie streichelnde Mutterhände und hört sich an wie die Betglocke an einem Sommerabend.

Plötzlich aber fuhr Dußler fast ärgerlich auf und zerknüllte das Blatt mit den Versen; doch ließ er die Hand, die es wegwerfen wollte, wieder sinken und steckte das Papier, allerdings wenig sorgsam, in seine Hosentasche. »Da schreib' ich ein Liebesgedicht und weiß nicht an wen«, zürnte er. »Typische schwäbische Stiftlersentimentalität«, schimpfte er vor sich hin, obwohl er doch gar kein richtiger Stiftler war. Aber er fühlte sich nicht nur aus seiner Uracher Seminarzeit halb als Stiftler, sondern er wußte auch nur zu gut, wie sehr er trotz manchen Verschiedenheiten und trotz seinem anderen Berufe dem Denken der Uracher und Tübinger Freunde verhaftet war. Er hatte das gleiche »Bodeng'fährtle«. Das ist eine Bezeichnung, die von schwäbischen Weinen stammt und die mit »Blume« nur sehr unzureichend übersetzbar ist. Der Halb- oder Viertelstiftler rückte seinen Rock zurecht. Noch einmal sah er den Albrand hinauf und hinunter; dann machte er entschlossen kehrt und brummte vor sich hin: »Ich will nur sehen, was mir meines Vaters Schafläuse einbringen.«

DER SCHWÄBISCHE GRUSS

Der neue Doktor war im Diakonissenhaus aufgezogen, im Diak, wie sie um Hall herum sagen. Den Koffer hatte das alte Faktotum, der Ernst, mit seinem holpernden Leiterwägele vom Bahnhof abgeholt; dem Doktor aber hatte er den Weg hinunter in die Stadt gewiesen, weil er, der Ernst, ja noch mehr in der Stadt zu besorgen habe. So stieg Dußler den steilen Weg vom Bahnhof hinunter und sah dabei zum erstenmal auf die Stadt, die sich am gegenüberliegenden Ufer des Kochers um die mächtige alte Michaelskirche herum den Berg hinaufbaut. Mit dem Gefühl eines Menschen, der keine Eile hat, schlenderte Dußler durch eine enge Gasse zum Kocher

hinunter. Gemächlich ging er über eine mittelalterlich anmutende Holzbrücke, den Roten Steg, zum Unterwöhrd. Das ist unter großen und schattigen Kastanien der Haller Festplatz, den zwei Kocherarme umfließen. Zwei Brücken verbinden ihn mit der Stadt, soweit diese rechts des Kochers liegt, der Sulfer Steg, der wie eine zweite Ausgabe des Roten aussieht, und der Steinerne Steg. Dußler entschloß sich für diesen, der mitten hinein ins alte Hall führt.
Vorerst blieb er aber stehen und genoß das eigenartige Bild, wie sich jenseits des Kochers von der alten Stadtmühle an ein hoher Giebel über den andern schiebt, bis hinauf zum Neubau, einem übergroßen alten Vorrats- und Zeughaus mit windschiefem Grundriß und steilem Dach. Am Steinernen Steg betrachtete der Doktor mit dem Staunen, das einem Neuankömmling geziemt, eine alte Hochwassermarke aus dem Jahre 1570.
Und dann stieg er hinein in die Altstadt durch steile, holprige Gassen. Über den Postplatz hinweg, auf dem gelbe Postomnibusse neben Pferdepostwagen warteten, ging er am »Dörrebeck« vorbei, wo einst laut Inschrift der Doktor Johannes Faust gezecht haben soll, und plötzlich fand er sich auf dem Marktplatz vor der berühmten Freitreppe, die breit ausladend die Kirche von St. Michael trägt. Für den Besucher fast erdrückend ragt ihr mächtiger Turm in den Himmel. So schön hatte sich Dußler diesen Platz, den er von Abbildungen her wohl kannte, nicht vorgestellt. Er beschloß, bei nächster Gelegenheit mit Bleistift und Papier hierher zurückzukehren, freilich nicht um sich an die Kirche zu wagen, die ihm von da unten aus viel zu großartig dünkte, als daß er hätte versuchen können, mit dem Zeichenstift dagegen anzugehen. Aber beim Anblick der Giebel und Dächer, der Gassen mit vorkragenden Stockwerken, mit krummen Linien und mit verwegenen Lichtflecken zwischen dunklen Häuserschatten wachte seine alte Zeichenleidenschaft wieder auf. Es war wie mit dem Dichten: In der Regel wurde nichts Rechtes daraus, aber es machte ihm Freude. Nachdem er sich an dem Markt-

platz sattgesehen hatte, drängte er sich durch das bunte Vielerlei des Wochenmarktes hindurch. Das war ein Markt, wie er um diese Jahreszeit in allen Kleinstädten zu sehen ist, mit farbigen Schirmen und mit einem Gedicht aus Obst, Gemüse und Blumen in rot und gelb und grün. Bei einer Marktfrau, die eben ohne Käufer dastand, erkundigte sich Dußler nach dem Weg zur Diakonissenanstalt und erfuhr, daß er da am Oberamt und an der Engel-Apotheke vorbei »dort am Pranger« die Gelbinger Gasse nur immer geradeaus zu gehen habe, bis er zuletzt aus der Stadt draußen sei, »ganz draußen«. »Dann sehen Sie links den Friedhof und das Städtische Krankenhaus, rechts kommt der Wettbach herunter; Sie gehen aber geradeaus weiter, auch nachdem die Häuser aufgehört haben, und dann müssen Sie rechts die Straße zum Diak hinauf. Das sind viele große Gebäude, wie eine Stadt für sich, da können Sie nicht fehlgehen.«

Mit diesem beruhigenden Trost tauchte Dußler, vom hellen, heißen Marktplatz kommend, in den Schatten der Gelbinger Gasse ein. Hohe Giebel und vorspringende Stockwerke lassen sie noch enger erscheinen, als sie ist. Mehr als einmal las Dußler »Bäckerei und Weinstube« und merkte, daß dies Landesbrauch sei. Schließlich kam er am Gelbinger Tor aus der Stadt heraus und fand richtig Friedhof und Krankenhaus in freundschaftlicher Nähe und Vertrautheit. Dann bog er rechts die Straße ab, die zum Diakonissenhaus den Hang hinauf führt. Bei ein paar Hauben frug sich Dußler durch, bis er im Mutterhaus bei Pfarrer Hartwig landete. Ganz so rasch war das allerdings nicht gegangen. Er blieb wohl eine gute halbe Stunde im Vorzimmer hängen, und diese halbe Stunde hatte er später in einer merkwürdig guten und hellen Erinnerung.

Eine Schwester Senta – gleich fiel ihm der nicht häufige Name auf – war nicht nur freundlich und jung, sondern auch, wie Dußler bei sich selbst feststellte, »a saumäßig nett's Mädle«. Die blonden, krausen Haare ließen sich nicht alle sittsam unter der Haube verstecken, die übrigens die gleichen

fünf Falten hatte wie die der Hülbener Schwester. Dußler stellte sich vor; er sei der neue Doktor für die Innere Abteilung, ob der Herr Pfarrer Hartwig wohl zu sprechen wäre. Schwester Senta, die rechte Hand des Pfarrers, Sekretärin und Mädchen für alles, streckte dem jungen Doktor unbefangen die Hand hin, wünschte einen guten Anfang und Einstand und bat ihn, er möge sich doch noch etwas gedulden.
»Der Herr Pfarrer hat eine wichtige Besprechung mit ein paar Herren vom Gemeinderat, es wird wohl noch eine Viertelstunde dauern.«
So setzte sich Dußler, zum Warten entschlossen, an einen runden Tisch in der Ecke und fing an, in alten Jahresberichten der Diakonissenanstalt zu blättern, die hier für wartende Besucher auflagen. Daneben aber sah er sich das Profil der Schwester an, die am hohen Fenster saß und rasch und gewandt auf der Schreibmaschine klapperte. Dußler stellte zum zweiten Male fest: »a saumäßig nett's Mädle.« Als aber Schwester Senta ihren Blick auch einmal durch die Stube auf den Besucher in der Ecke wandern ließ, vertiefte sich dieser recht angelegentlich in den letzten Jahresbericht.
»Eingesegnet wurden«, hieß es da, »elf Schwestern.« Er las mechanisch vor sich hin, ohne das Gelesene richtig aufzufassen: »1. Schwester Rösle Übele, geb. am 6. 8. 97 in Seibottenberg, 2. Schwester Marie Ohngemach, geb. am 11. 3. 98 in Untermünkheim, 3. Schwester Frida Weidner, geb. am 4. 5. 99 in Kirchberg a. d. J., 4. Schwester Senta Windisch, geb. am 27. 6. 00 in Gumbinnen in Ostpreußen.«
Plötzlich wurde »der Geist Jakobs« lebendig. Senta Windisch? Das konnte eigentlich nur diese Schreibschwester vor ihm sein, mit dem feinen frechen Näschen und mit den ungebärdigen blonden Haaren unter der großen fünfzipfeligen, gestärkten Haube. Diakonissen, die Senta hießen, waren hier im Süden gewiß rare Vögel und kamen sicher nur in der Einzahl vor. Das Geburtsjahr konnte stimmen, auch wenn die Schwester älter und reifer aussah. Nur der Dialekt

sprach sehr gegen Gumbinnen, denn was die Schwester Senta da sprach, das war unverfälschtes Stuttgarter Bildungsschwäbisch, jener Ersatz für Hochdeutsch, der auf Kanzel und Katheder, in Schule, Hochschule und Kirche im Schwäbischen als Hochdeutsch gilt.
Dußler dachte weiter nach: 27. 6., das war doch das heutige Datum? Schwester Senta legte eben Briefe und Durchschläge ab. Diese Gelegenheit benützte Dußler, um eine Frage anzubringen:
»Verzeihen Sie, Schwester Senta, ist heute nicht der 27. 6.?«
»Doch, Herr Doktor.«
»Darf ich mir dann erlauben, Ihnen alles Gute zum Geburtstag zu wünschen?«
Das erstaunte Gesicht der Schwester rötete sich bis an den Haubenrand:
»Ja, woher wissen Sie denn auf einmal, daß ich heute Geburtstag habe?«
»Ich könnte sagen, so etwas spürt man«, entgegnete Dußler, der selbst ein wenig verlegen war, »aber Sie würden es mir ja doch nicht glauben. Es steht nur eben hier im Jahresbericht.«
Da lachten beide, und Schwester Senta machte einen übermütigen Knicks, wie sie ihn sicher seit ihrer Kinderzeit nicht mehr gemacht hatte:
»Also, ich dank' auch recht schön für den unerwarteten guten Wunsch.«
Sie griff nach dem nächsten weißen Bogen, nach Blaupapier und Durchschlagpapier und spannte alles sorgsam ein. Dußler war aber nicht gewillt, die Gelegenheit einer Unterhaltung gleich aufzugeben:
»Darf ich Sie etwas fragen, Schwester Senta?«
»Bitte.«
»Daß es einen von der Hülbener Alb nach Schwäbisch Hall wehen kann, ist schließlich nicht außer der Weis'; aber sagen Sie mir bloß, was für ein Wind hat Sie von den Masurischen

Seen an den Kocher geweht und auch noch dazu in ein schwäbisches Diakonissenhaus?«

Schwester Senta wollte eben fragen, wie er denn nun auch wisse, woher sie stamme, aber da fiel ihr der Jahresbericht in Dußlers Händen ein, und sie antwortete um ein Gutes ernster als vorher:

»Das war ein böser Wind, Herr Doktor, oder eigentlich ein Sturm, der mich Elternhaus und Heimat gekostet hat. Vielleicht wissen Sie schon, und wenn nicht, so werden Sie es bald erfahren, daß wir hier auch ein Solbad und Kinderheim haben. Man hat mich 1914 für ein paar Monate hierhergeschickt. Wir hatten nämlich einen Doktor, der aus dem Schwäbischen stammte. Der meinte, ich könne mich von schweren Masern hier am besten erholen. Da kam der Krieg. Im ersten Trubel konnte ich unmöglich allein reisen, so blieb ich hier. Der Einfall der Russen ging über unser Dorf hinweg. Meine Eltern und meine Geschwister wurden umgebracht oder bei der Beschießung getötet. Meine Verwandten ließen mich hier, das Mutterhaus war bereit, mich zu behalten, bis der Krieg vorbei sein würde, aber der Krieg dauerte lange. Als er zu Ende war, war ich mittlerweile 18 Jahre geworden. Ich bin hier in Hall in die Schule gegangen. Dann wurde ich Lernschwester, und nach dem Examen trat ich ins Mutterhaus als Diakonisse ein.«

Dußler schwieg betroffen. Das schwere Schicksal paßte schlecht in den fröhlichen Junivormittag. Er wollte sich eben wegen seiner Frage entschuldigen, als die Tür zu des Pfarrers Arbeitszimmer aufging. Drei Herren verabschiedeten sich auf der Schwelle, und hinter ihnen im Rahmen der Tür stand der Vorstand der Diakonissenanstalt, groß, hager, gemessen und ein bißchen überlegen: »Das ist wohl unser neuer Doktor? Darf ich bitten, Herr Dußler?«

Das Arbeitszimmer war ein großer Raum mit hohen Fenstern auf zwei Seiten. Es wurde durch einen breiten Schreibtisch in der Mitte beherrscht, der trotz Akten, Terminkalender, Briefkörben und Telefon eine peinliche Ordnung verriet. An einem runden Tisch in der etwas dunklen Ecke nahm der Pfarrer Platz, so, daß er die großen Fensterscheiben im Rücken hatte. Dußler konnte eigentlich nur die Umrisse des Mannes klar sehen, während er selbst auf dem angebotenen Stuhl dem Fenster gegenüber im hellen Lichte saß. Er entsann sich verschwommen, einmal von Bismarck gelesen zu haben, daß dieser seine Besucher mit Vorliebe auf eine ähnliche Weise empfangen und gesetzt habe. Aber der Pfarrer ließ ihm wenig Zeit, solchen Überlegungen nachzuhängen.

Vom alten Schäfer auf der Hülbener Alb und von den Schafläusen wurde ebensowenig gesprochen wie von des Pfarrers Gesundheit. Als Dußler nach zehn Minuten wieder im Vorzimmer stand, wunderte und ärgerte er sich zugleich über das, was und wieviel er in nur zehn Minuten gesagt und erzählt hatte. Er kam sich ein bißchen überfahren vor und hörte nur halb auf des Pfarrers Stimme, die hinter ihm herrief:

»Schwester Senta, seien Sie doch so gut und bringen Sie den Herrn Doktor ins Kasino. Seinem Chef kann er sich dann selbst vorstellen, und Schwester Mina wird ihn wohl versorgen.«

Mit gemischten Gefühlen ging Dußler neben Schwester Senta die breite Treppe hinunter. Er war zornig darüber, daß er sich hatte ausfragen lassen wie ein neugebackener Vikar, der soeben vom Examen aus dem Stift kommt. Gleichzeitig war er vergnügt, weil Schwester Senta ihn führen sollte.

Das Mutterhaus in Hall ist ein großer, drei- bis vierstockiger Bau. Man hatte ihn um die Jahrhundertwende im Schlösser- und Burgenstil gebaut und im unechten Pathos jener Zeit mit Turm und Türmchen und Erker versehen. Dagegen ist das Krankenhaus nur zweistockig und langgestreckt. Zwei gleiche Flügel lehnen sich in der Mitte an die Kapelle.

»Das ist das Krankenhaus«, erklärte Schwester Senta, »links die Chirurgie unter Dr. Seibott, rechts die Innere unter Dr. Härle. In der Mitte ist, wie Sie sehen, die Kapelle. Das unter der Kapelle ist Küche und Bäckerei.« Dußler fiel der Vers ein, den er einst in Rothenburg an einer Bäckerei gelesen hatte. Er konnte es sich nicht verkneifen, er mußte ihn gleich loswerden, mit einer kleinen Abänderung, so daß er auch auf Hall paßte:

> »*Das Brot für deinen Leib backt man in diesem Haus,
> das Brot für deine Seel' teilt man dort oben aus.*«

Schwester Senta lachte vergnügt und ließ sich den Vers wiederholen:
»Sie dürfen das hier aber nicht zu jedermann und vor allem auch nicht zu jeder Frau sagen, Herr Doktor. Wenn das zum Beispiel unser Herr Vikar Brändle hört, so wird er Ihnen eine Strafpredigt halten.«
»Brändle?« fragte Dußler, »Brändle, mit roten Haaren und einer Narbe über die ganze linke Backe von einem französischen Infanteriegeschoß? Johannes Brändle, Musketier von 180, verwundet bei Schirmeck und später Sanitätssoldat und Gefreiter im Kriegslazarett Cinay?«
»Das weiß ich nicht, Herr Doktor, aber Johannes heißt er mit Vornamen und eine sehr kriegerische Narbe geht ihm quer übers Gesicht.«
»Ich will nur sehen, wem ich hier noch alles begegne. Das Ländle ist doch verdammt klein.«
»Sie sollten bei uns auch nicht ›verdammt‹ sagen, Herr Doktor, und hier ist das Kasino. Sie werden beim Mittagessen den Herrn Vikar sehen und Ihre Kollegen. Schwester Mina betreut Sie und zeigt Ihnen Ihr Turmzimmer. Ich wünsch' einen guten Einstand. Auf Wiedersehen, Herr Doktor«, und schon huschte Schwester Senta den dunklen Gang entlang, ein bißchen beweglicher, als es zu der etwas umständlichen Tracht und der Haube passen wollte. Dafür stand nun Schwester Mina in ihrer ganzen runden, breiten Fülle da. Sie strich rasch noch einmal mit der Hand über ihren Schurz, um dann den neuen Doktor zu begrüßen:
»Der Herr Vikar kommt gleich zum Essen, aber die andern Herren sind meist nicht so pünktlich. Eigentlich essen wir

um ½1 Uhr zu Mittag und um 7 Uhr zu Abend. Das Frühstück bekommen Sie um ½7 Uhr aufs Zimmer. Wenn Sie vor dem Mittagessen noch in Ihren Turm hinaufsteigen wollen, so zeige ich Ihnen Ihre Stube. Der Ernst hat Ihren Koffer schon hinaufgeschafft.«
So fand sich Dußler noch vor dem Essen in seiner neuen Behausung. Eine richtige Turmstube war es nicht. Zu den beiden zweigeschossigen Krankenhausflügeln gehörte an jedem Ende im Dach ein ausgebautes Zimmer. Das gab vier Turmstuben für die Assistenzärzte. So hatten diese ihre Ruhe und waren doch nahe bei ihren Abteilungen. Dußler sah sich in seinem Zimmer um. Er war ganz zufrieden. Ein großes Fenster nach Westen gab den Blick breit auf das Kochertal frei. Auf den Wiesen waren die Bauern beim Heuen. Nach Süden sah man auf das Kapellendach. Unter der Kapelle war hier der Eingang zur Küche. Dußler stellte seinen schweren Schiffskoffer, der ihn von Hongkong nach Bremen begleitet hatte, auf zwei Stühle und begann, seine Wäsche in einen etwas wackeligen Schrank und seine Bücher in ein Regal einzuräumen. Die Turmstube erinnerte ihn irgendwie an seine alte vertraute Bude in der Neckarhalde in Tübingen, und er hängte einen farbigen Holzschnitt über den Schreibtisch. Dort hing er, so wie er auch in Tübingen gehangen hatte.
Es klopfte. Herein trat etwas feierlich der Herr Vikar. Es war wahrhaftig der Tübinger Musketier Brändle, der Sanitätsgefreite von Cinay mit dem Durchzieher über die ganze linke Wange. Dußler freute sich ehrlich und platzte mit dem alten schwäbischen Landsergruß heraus: »Ja, jetzt leck mich doch gleich am Arsch, Brändle, wo kommst du denn her?«
Das Gesicht des so Angeredeten war wie ein See, auf dem drei Winde zugleich spielen. Es zeigte abwechselnd Freude, Entsetzen und den Versuch, zu einer gewissen pastoralen Würde zu gelangen.
»Ich freue mich sehr, dich hier zu sehen, aber ich bin nun

Vikar, und zwar in einer Diakonissenanstalt. Eigentlich wollte ich dir sagen: ›Deinen Eingang segne Gott‹, aber nach dieser Begrüßung ...«

Brändle stockte und kam nicht weiter. Er kannte freilich diesen alten Soldatengruß, der von 1914 bis 1918 überall dort im Schwange gewesen war, wo schwäbische Einheiten an der Westfront lagen, von Pfirt bei Basel bis hinauf zu den letzten Schützengräben an der flandrischen Küste. Der »schwäbische Gruß« war dem Musketier Brändle ein paar Jahre lang ebenso geläufig gewesen wie das »Grüß Gott« während seiner Bubenzeit in Berghülen auf der Blaubeurer Alb. Aber nun – in der Zwischenzeit – hatte er sein Theologiestudium im Stift beendet, war ein ordinierter Diener der evangelischen Landeskirche und Vikar im Diakonissenhaus geworden. Er predigte sonntags in der Kapelle, wenn der erste und der zweite Pfarrer verhindert waren, und hielt jeden Abend für die Schwestern und die Hausangestellten die Andacht. Der »schwäbische Gruß« von der Westfront brachte Brändles ganze mühsam zusammengebaute Haltung ins Wanken. Er hatte sich verpflichtet gefühlt, dem neuen Doktor gleich zu zeigen, daß dieser nun in ein christliches Haus, in ein Haus der Inneren Mission komme. Brändle war sozusagen, wenn auch nicht äußerlich, so doch innerlich im Talar. Und nun begrüßte ihn dieser Dußler im rauhesten Kommißton! Diesem Ton war Brändle schon als Soldat recht zwiespältig gegenübergestanden. Zwar stammte er von der Alb, war Sohn eines Schneiders und wußte von der Schule und der Gasse her, wie man deutsch und schwäbisch schwätzt. Aber in seinem Elternhaus redete man in der Sprache Kanaans, jener schwäbischen Abwandlung des Deutsch aus der Lutherbibel. Der Vater war nicht nur Schneider, sondern auch ein strenger Altpietist. Er war Stundenhalter in Berghülen. Zu Hause durfte der kleine und später auch der heranwachsende Johannes kaum einmal fröhlich oder gar laut sein, und ein Wort wie der schwäbische Gruß im Munde seines Sohnes hätte den alten Brändle erstarren lassen.

Johannes Brändle, der Jüngere, war über das Landexamen ins theologische Seminar gekommen, zuerst nach Maulbronn und dann nach Blaubeuren. Vielleicht hätte sich Brändle doch etwas freier entwickelt, wenn Berghülen nicht gar so nahe bei Blaubeuren läge. Aber jedesmal, wenn der Seminarist über das Wochenende heimkam, tauchte er auch wieder ganz in Ton und Haltung des Schneiderhauses ein. Beides haftete an der Seele des Heranwachsenden ebenso, wie man seinen Anzügen den Bauernschneider ansah.

Brändle gehörte zum gleichen Jahrgang wie Dußler. Sie hatten im gleichen Semester in Tübingen zu studieren angefangen, der eine im Stift, der andere in der Anatomie, ohne daß sich die beiden einmal über den Weg gelaufen wären. Aber in der 2. Kompanie des Infanterieregiments 180 standen sie dann nebeneinander, und bei Schirmeck in dem heißen August 1914 lagen sie zusammen im Dreck – »in der Scheiße« wie Dußler sagte, als die Franzosen von den Höhen des Schirmeckpasses herunter aus der 2. Kompanie Hackfleisch machten.

Fast in der gleichen Minute waren die beiden damals verwundet worden, Brändle im Gesicht und Dußler am Oberschenkel. Im Lazarett zu Kolmar lagen sie nachher Bett an Bett. Brändle hatte sich im feldgrauen Rock nie ganz wohl gefühlt, obgleich er kein schlechter Soldat und ein sehr guter Schütze gewesen war. Aber bei jedem Kraftausdruck, den irgendein Kamerad benützte, hatte er sich fragen müssen, ob das nicht eine Sünde sei; bei jedem Fluch – und was wurde doch im Felde und auf dem Kasernenhof zusammengeflucht – hatte er des Vaters warnende Stimme gehört: »Du sollst den Namen des Herrn deines Gottes nicht vergeblich führen.« Wurde gar einmal von Frauen und Mädchen gesprochen, so schien dem Theologiestudenten in Uniform jeder harmlose Spaß eine Zote zu sein. Schon bei den Soldatenliedern hatte das angefangen.

All das schwirrte nun, wenn auch nicht klar erkannt, als eine vielstimmige Melodie durch des guten Brändle Kopf und

Seele: Kriegskameradschaft, des Vaters mahnende Stimme, der »schwäbische Gruß« und das »Deinen Eingang segne Gott«. Dußler schlug dem alten, etwas verdutzt dreinsehenden Kriegskameraden auf die Schulter:
»Mensch, dein Gruß gilt so gut wie meiner. Ich bin froh, daß ich hier ein bekanntes Gesicht finde. Es gäbe Leute, denen ich weniger gern begegnen würde als dir! Sonst gibt es hier wohl nur Schwestern? Übrigens, von wegen Schwester, du, die Schwester Senta ist doch ein saumäßig nettes Mädle, schad', daß so etwas eine Haube trägt. Komm, setz' dich und erhol' dich, Brändle!«
Er schob dem Vikar den dritten Stuhl hin und fuhr fort, nebenher auszupacken und einzuräumen.
»Bis jetzt kenn' ich bloß Euren Pontifex Maximus, seine sehr hübsche Sekretärin, die Schwester Mina und den Ernst. Was gibt's hier sonst noch? Du weißt doch Hausgelegenheit, Vikare!«
Brändle hatte sich von dem rauhen und herzlichen Empfang langsam erholt, auch er freute sich aufrichtig, daß Dußler hier in Hall aufgekreuzt war, denn er kannte ihn von mehr als einer Gelegenheit als einen zuverlässigen Kameraden, dessen Mundwerk schlimmer war als sein Herz. Auch Brändle ging es so: Es gab Leute, denen er weniger gern begegnet wäre als dem Schäfersbuben und Doktor von Hülben.
Der Vikar erzählt von der Anstalt, von den Ärzten und frug:
»Kennst du deinen neuen Chef schon, den Dr. August Härle? Nicht? Dann hat dich also der Pfarrer Hartwig eingestellt, ohne daß Härle dich nur gesehen hat? Siehst du, da hast du schon ein ganzes Stück Diak. Die Personalpolitik, wenn man so sagen kann, macht Pfarrer Hartwig selbst. Härle und der Chirurg Seibott haben sich daran ebenso gewöhnen müssen wie der Oberkirchenrat.«
»Hältst du denn das für richtig?« unterbrach Dußler diese Erzählung Brändles und stellte weiterhin Bücher aufs Regal; »schließlich versteht er doch wahrscheinlich von ärztlichen

Dingen weniger als der Härle und der Seibott. Ihr habt doch auch ein paar Höfe mit mehreren hundert Morgen.« Dußler legte seine Hemden fein säuberlich in die nächste Schublade.
»Entscheidet da denn Euer Pontifex Maximus auch?«
»O ja«, verteidigte Brändle seinen Herrn, »die wichtigsten Entscheidungen trifft er auch dort selbst. In einer Anstalt der Inneren Mission ist der Geist des Hauses, und daß alles nach diesem ausgerichtet ist, wichtiger als alles andere.«
»Findest du?« unterbrach Dußler, »ich nicht.«
Er stopfte den letzten Rest seiner Wäsche in ein Fach im Schrank, weil die Schubladen voll waren.
»Eure Ärzte sollen doch vor allem Kranke gesund machen, Eure Gutsverwalter müssen wissen, wo der Klee und wo die Kartoffel am besten wächst und welcher Stier in Euren Stall und welcher Hahn in Euren Hühnerhof gehört.«
»Weißt du«, antwortete Brändle bedächtig, »du hast recht und unrecht. Unsere Ärzte sollten etwas können und ins Haus passen und unsere Gutsverwalter auch – und ebenso der Vikar und die Herren Assistenzärzte.«
»So isch no au wieder, tät mein Vater sagen«, entgegnete Dußler, »aber weißt du, auch euer Pontifex kann sich täuschen. Was weiß der schon von meinem ärztlichen Können? Nichts! Was weiß der von meiner Gesinnung? Nichts. Daß ihn mein Vater mit Schafläusen kuriert hat, ist noch lange kein Befähigungsnachweis für mich, und wenn mein Vater in Hülben Stunde hält, so brauche ich noch lange nicht in den Geist Eures Hauses zu passen. Du weißt: Pfarrers Kind und Müllers Vieh ... ich fürchte, in mir hat er sich getäuscht. Du hättest mich wohl nicht genommen?«
»Da täuschst du dich, Dußler, ich weiß, daß du besser bist als dein Mundwerk. – Aber jetzt ist es Zeit, daß wir zum Mittagessen hinuntergehen. Schwester Mina hat schon zweimal gerufen. Dann sind die andern wohl auch da, und ich kann dich gleich vorstellen.«
Sie tasteten miteinander die dunkle, steile Treppe hinunter. Im Untergeschoß, auf der Bergseite, lag der Raum, der den

etwas zu stolzen Namen Kasino führte. Früher hatte man dort leere Kisten, zerbrochene Bettgestelle und ausrangierte Matratzen gelagert. Mit der Zeit aber reichte im Krankenhaus nirgends der Platz. Durch die stürmische Entwicklung der Heilkunde vor und nach der Jahrhundertwende brauchten die Krankenhäuser immer mehr Nebenräume und immer mehr Personal. Da war ein Röntgenzimmer unterzubringen, eine Dunkelkammer, ein Labor, eine Diätküche und schließlich auch, als sechs Ärzte statt zwei im Hause arbeiteten, ein Kasino. Auch in Hall baute man die unbenutzten Räume aus. Das Kasino ging in den Berg hinein. Es war dunkel, denn seine Fenster wurden von dichten Bäumen überschattet. An der Bergwand stand der Geschirrschrank und daneben eine alte Anrichte. Ein Tisch mit Stühlen. Ein altes Ledersofa aus Großvaters Zeiten mit weißen Knöpfen an der geschwungenen und geschnitzten Lehne. Darüber hing verstaubt und grau ein Teubner-Steindruck: Strich-Chapelles »Wanderer«, der auf Unterregenbach hinuntersieht. In diesen Raum traten die beiden ein.

»Komm, Brändle, stell' mich vor! Jetzt bin ich nur gespannt, wie gut oder schlecht meine Kollegen in den Geist des Hauses passen«, brummte Dußler.

DER APFEL DES JAKOB ADAM

Dußler arbeitete nun schon über ein Jahr lang im »Diak«. Er wußte Bescheid um den Geist des Hauses und auch darum, daß er nur bedingt hineinpaßte. Freilich, er war nicht der Einzige, von dem man das sagen konnte. Es war ihm bald aufgegangen, daß die Ärzte in diesem Haus bis zu einem gewissen Grade eine Sonderstellung hatten. Immerhin wurde erwartet, daß auch der Chef und die Assistenzärzte am Sonntagmorgen in der Kapelle den Gottesdienst besuchten. Nach einem ungeschriebenen Gesetz hatten sie vorne links in der ersten Reihe ihre Kirchenbank. Die beiden Chefärzte fehlten nur selten, und die Assistenzärzte zum mindesten nicht regelmäßig. Dußler ging gar nicht ungern in die Kapelle, aber weniger wegen der Predigt, als weil der Gottesdienst die einzige Gelegenheit bot, Schwester Senta zu begegnen. Am liebsten hätte er aus dem gleichen Grund auch noch hie und da an der Abendandacht teilgenommen. Aber so viel Eifer wäre aufgefallen. Die Abendandachten hielt Herr Vikar Brändle vor allem für die Schwestern. Wohl kamen noch ein paar Leute vom Verwalterhaus und ein paar Mädchen aus Küche und Wäscherei dazu, aber einen Assistenzarzt hatte noch niemand dort gesehen.

Ob er eigentlich verliebt war, wußte Dußler nicht so recht. Schließlich war er ein bißchen zu alt, um auf die Dauer wie ein vierzehnjähriger Schulbub aus der Ferne anzuhimmeln. Kaum einmal kreuzten sich seine Wege mit denen der Schwester Senta. Wann hätte auch Dußler etwas im Vorzimmer des Pontifex Maximus zu tun gehabt? Der regierte zwar alles, und es geschah in diesem Schwesternstaat wenig und sicher nichts von Belang, was nicht von ihm ausging. Selbst die Oberin tat kaum einmal etwas ohne seinen Willen. Aber zwischen Dußler und dem Pontifex stand als Zwischeninstanz Dr. August Härle. Zu einem direkten Befehlsempfang bei Pfarrer Hartwig gab es gar keine Möglichkeit, wenn man nicht einen persönlichen Rüffel von oben geradezu herausforderte. Daß dies auf ihn zutreffen könnte, wäre Dußler nicht einmal im Schlaf eingefallen.

So ging er zwar oft und nicht ungern am Sonntagmorgen in die Kirche, wenn auch, wie gesagt, weniger der Predigt wegen, als um das Profil der Schwester Senta mit den krausen Locken unter der Haube zu betrachten.

Daneben, so schien es dem Doktor, gab es eigentlich keine Frauen in diesem Frauenstaat. Die Schwestern unter der fünfzipfeligen Haube wirkten auf ihn, mit Ausnahme der Schwester Senta, als Neutrum. Dies war wohl auch neben anderem der Sinn einer solchen Tracht. Außerdem liefen da noch einige Lernschwestern herum, junge Mädchen, die nach Hall

kamen, um dort nach einem Jahr ihr Staatsexamen zu machen. Aber unter ihnen gab es kein Gesicht, das Dußler interessiert hätte. Ja – und dann war da noch die Mitassistentin auf der Inneren, ein Fräulein Dr. Anneliese Pistorius. Mit ihr kam er täglich dienstlich und außerhalb der Arbeit zusammen, jeden Morgen bei der Besprechung, im Röntgenzimmer, im Labor, beim Mittagessen und Nachtessen und, seit es wieder warme Juniabende gab, beim Baden im Kocher. Dieses Baden war irgendwie aufregend. Meist fuhren sie zu dreien mit ihren Rädern am Abend nach dem Dienst zur Kocherschleife jenseits des Umlaufberges. Der zweite chirurgische Assistent, ein Doktor Schult, den keiner der anderen richtig mochte, übernahm dann den Bereitschaftsdienst.
Die Pistorius war gut gewachsen und wußte das auch. Sie gab sich mit Erfolg Mühe, immer gerade so viel oder so wenig anzuhaben, daß man den Wunsch verspürte, sie möge noch ein bißchen mehr ausziehen. Auch ihr Badeanzug war so. Sie schwamm wie ein Fisch und benahm sich beim Aus- und Anziehen recht wenig prüde. »Ein Luderchen, ein Luder«, dachte Dußler mehr als einmal, wenn es ihm trotz dem Wasser und dem kühlen Abendwind schwül wurde. Er brauchte nur an die Abendmahlzeiten zu denken! Die beiden chirurgischen Assistenten fehlten nicht selten. Es war dann irgendein Blinddarm noch rasch zu operieren, oder es mußte noch ein Unfall versorgt werden. Der Vikar, der gute Brändle, pflegte meist schon nach zehn Minuten aufzustehen, fast noch ehe er sich den Mund abgewischt hatte, und entschuldigte sich mit der Abendandacht. Dußler glaubte freilich bemerkt zu haben, daß weniger die Andacht schuld sei als jene gut gewachsene schwarze Katze, die Pistorius, mit ihrem etwas zu weiten Ausschnitt und ihrem etwas zu kurzen Rock, der ein Paar wohlgeformte Beine fast bis zum Knie freiließ. Offenbar wurde selbst ein so gefestigtes und mit einem ehrbaren schwarzen Rock zugeknöpftes Stiftlerherz wie dasjenige Brändles durch diesen Anblick in Unruhe versetzt.

Ließ ihn der Vikar wie meist im Stich, so saß Dußler mit der Pistorius allein im stets dämmerigen Kasino. Das Gespräch ging dann um Fälle und Diak, Chef und Kollegen. Aber schließlich kamen die beiden auch auf anderes, auf neue Bücher, Wetter, Umgegend und Freizeit.
Eines Abends rückte die Doktorin mit dem Vorschlag einer gemeinsamen Radwanderung heraus. »Warum sollen wir denn immer im Kocher baden? Jagstwasser ist auch naß, und ich weiß so schöne Badeplätze, oberhalb Bächlingen, dort hinten bei Morstein.«
Dußler gestand, daß ihm zwar die Jagst als Nebenfluß des Neckars noch ein verschwommener Begriff aus der Schulzeit sei, vielleicht würden ihm sogar noch Ursprung und Mündung einfallen, wenn er sich lang genug besänne, aber Morstein und Bächlingen seien ihm völlig unbekannt. Da aber packte die Doktorin gewaltig aus mit allem, was sie aus Agnes Günthers Buch »Die Heilige und ihr Narr« wußte.
»Da müssen wir am Sonntag hin. Braunsbach kennen Sie auch nicht? Langenburg auch nicht? Da wird es aber höchste Zeit, daß ich etwas für Ihre Bildung tue. Sitzt dieser Mensch ein Jahr in Schwäbisch Hall, mitten im Hohenloher Land, und weiß nicht einmal, wer die Agnes Günther ist, ist noch nie ›auf ihren Spuren gewandelt‹ und kennt nicht einmal die Heilige und ihren Narren. Ich werde Sie den beiden vorstellen, Herr Dußler. Die Heilige wird sich sehr freuen.«
Als Dußler wieder in seiner Turmstube im Bett lag und diesen Abend und das Gespräch überdachte, war ihm soviel klar: Sicher war die Pistorius keine Heilige, aber sicher war er ein Narr; denn daß die Pistorius es auf ihn abgesehen hatte, das merkte er allgemach.
Nun war der Ausflug fest verabredet, und Dußler dachte an dem Sonntag herum: Zum Heiraten war dieses Mädchen nicht. Der Herr bewahre mich vor allem Übel. Zimperlich war die sicher nicht. Wahrscheinlich hatte sie ebensoviel Erfahrung, wie er keine hatte. Es ärgerte ihn, daß er einfach, so ohne Überlegung, für den Sonntag zugesagt hatte. Irgend-

wie schämte er sich vor Schwester Senta, aber – absagen konnte er schier nicht, ohne sich zu blamieren, und etwas lockte ihn zu diesem Spiel mit dem Feuer und dem »Luderchen«, wie er im Einschlafen feststellte.
Am Sonntagmorgen fuhren die beiden in der ersten Frühe los. Die Doktorin kam in einem hellen Dirndlkleid und sah so verführerisch aus, wie sie sein wollte. Zweimal frug sie, ob Dußler auch Badezeug und Wolldecke nicht vergessen habe, denn »ohne Baden ist es doch nur das halbe Vergnügen«. Dußler wurde rot wie ein Schulbub und ärgerte sich über das Rotwerden.
Sie radelten in den strahlenden Sommermorgen hinein, und Dußlers Stimmung besserte sich von Kilometerstein zu Kilometerstein. In dieser Frühe war die Kochertalstraße noch leer, und so blieben die zwei in gemächlichem Tempo nebeneinander und zeigten sich die schönsten Stellen am Weg: die Brücken bei Untermünkheim, bei Enslingen und bei Geislingen, die sich mit steinerner Eleganz von Ufer zu Ufer schwingen, die Bühlermündung und den Blick auf Braunsbach über das Kocherwehr hinweg. Die großen Steinriegel, die von den Hängen herablaufen, warfen noch lange Schatten.
Gleich hinter Braunsbach steigt die Straße in großen Kehren wohl eine gute Stunde bergan bis Orlach. Jedes schob sein Rad, und die Pistorius schwärmte wieder von der Heiligen und redete viel von Braunsbach und Brauneck, von Thorstein und Morstein, vom Schloß Schweigen und von dem blauen Männchen. Dußler hing daneben seinen eigenen Gedanken nach. Er wurde langsam übermütig und beschloß: »Ich laß' den Tag laufen, wie er will, und nehme mit, was ich kriege.«
In Orlach erreicht die Straße die Hochfläche und bleibt dort bis Nesselbach. Rückwärts sieht man die Türme von Waldenburg als Silhouette, rechts ziehen in blauer Ferne die Ellwanger und weiter voraus die bayerischen Berge. An einer Stelle der Straße sieht man sogar ein kleines Stückchen von

der Schwäbischen Alb. Plötzlich bremste die Doktorin scharf und sprang ab. Dußler kurvte zurück und sah, wie die Gefährtin vom nächsten Apfelbaum reife Jakobiäpfel pflückte. In ihm regte sich der Bauernbub, und er sagte:
»Auflesen ist erlaubt, brechen ist gestohlen.«
Aber die hübsche Diebin lachte ihn aus ihren schwarzen Augen an und streckte ihm den schönsten Apfel hin:
»Bitte, mein Herr Adam.«
Dußler mußte lachen, nahm den Apfel und biß so herzhaft hinein, daß es krachte. »Wie im Paradies«, lachte die Pistorius. Da spuckte Dußler den Apfelschnitz im Bogen wieder aus: »'s ist aber ein Wurm drin – auch wie im Paradies –« und fuhr zornig weiter. Hinter Nesselbach führt die Straße wieder in steilen Kehren ins Jagsttal hinunter. Dußler stieg ab, um die weite Aussicht zu genießen. Die Jagst windet sich durch Wiesen und erntereife Felder. Der Bergfried von Morstein grüßt über das Tal. Links liegt das Langenburger Schloß mit seinen großen Rundtürmen steil über dem Fluß. Dußler setzte sich auf einen der Felsen, die neben der Straße nach der Jagst zu abfallen, und ließ seine Füße baumeln, als säße er wieder einmal auf seinem geliebten Neuffen. Die Doktorin setzte sich neben ihn und schwieg. Sie sog die frische Morgenluft, die vom Tal heraufwehte, genießerisch ein und sah einer Gabelweihe zu, die sich vom Aufwind herantragen ließ. Dann musterte sie Dußlers scharf geschnittenes Gesicht von der Seite. Sie sah ihn so lange an, bis er lachen mußte:
»Sie sind doch ein Luderchen, Fräulein Pistorius.«
»Aber natürlich, das war die Eva auch. Das ist nur eine andere Beziechnung für das Weibliche.«
»So«, antwortete Dußler nachdenklich. »Es könnte sein, daß Sie recht haben; so isch no au wieder.«
Nach zwei Stunden kamen sie mit ihren Rädern oberhalb Morstein an einen Badeplatz, der wie eigens für sie hergerichtet schien. Die Jagst hat dort einen tiefen »Gumpen«, das heißt eine ruhige, tiefe Stelle. Erlenbüsche stehen dicht

drum herum und spiegeln sich, der Wald schiebt sich mit seinem Unterholz bis an den Bach und säumt ein kleines Stückchen Wiese ein.
Eine Weile tollten die zwei im Gras und im kühlen Wasser, sie spritzten und planschten wie zehnjährige Kinder. Nachher trockneten sie sich genießerisch in der Sonne und aßen die mitgebrachten Brote aus Schwester Minas Küche. Im heißen Mittag flimmerte die Luft über den Feldern. Dußler mußte immer wieder Annelieses Gestalt mit den Augen abtasten, und es reizte ihn, es mit der Hand zu tun. Sie hatte den Bademantel, wie aus Versehen, halb fallen lassen, so daß die weißen, festen Brüste neben den braunen Armen frech und verführerisch leuchteten.
Dußler und die Pistorius waren in dem Junimittag weit und breit allein, und sie wurden sich mit jedem Herzschlag dieser einsamen Zweisamkeit mehr und mehr bewußt. Dußler horchte in sich hinein: Etwas warnte, irgendwo klang das Wort Sünde, irgendwie mahnten die blonden Haare der Schwester Senta. Er hörte sein Herz klopfen bis zum Hals herauf. Da sagte in das schwüle, heiße Schweigen hinein die Pistorius neben ihm: »Jaköble, Adam? Wie wäre es jetzt mit einem Apfel?« – Da war es um ihn geschehen.
Als die Bergschatten schon bis an den Flußrand griffen, fuhren die beiden schweigend miteinander das Jagsttal hinunter bis Bächlingen. Zwar versuchte Anneliese immer wieder das Gespräch in Gang zu bringen, besonders auf der langen Steige von Bächlingen nach Nesselbach hinauf, wo sie wieder über eine Stunde, ihre Räder schiebend, nebeneinander hergehen mußten. Aber Jakob blieb einsilbig, und mehr als ein verdrossenes Ja oder Nein war nicht aus ihm herauszubringen. An der Wegbiegung vor Nesselbach, da wo er am Morgen mit der Pistorius gerastet hatte, hielt Dußler an und wischte sich den Schweiß von der Stirn. Nun lag das Jagsttal in der Abendsonne. Der Bergfried von Morstein, der am Morgen schwarz gegen den Himmel gestanden hatte, leuchtete hell in das Tal herunter. Glitzernd lief die Jagst zwischen

Wiesen und gelben Feldern. Dort hinten lag der Wald, dort hinten standen die Erlen am Bach.

»Wenn ich *den* wurmigen Apfel nur auch so ausspucken könnte wie den heut' morgen«, sagte Dußler grob und schwang sich aufs Rad. Die Doktorin fuhr hinterdrein; betreten und etwas hilflos. Was war das doch für ein grober Albbauer! Ohne daß ein Wort zwischen beiden weiter gesprochen wurde, radelten sie das abendliche Kochertal hinauf. Die Brücken spannten sich noch schöner als am Morgen mit langen, violetten Schatten über ihr Spiegelbild. Aber keines der beiden wies das andere auf diese Schönheit hin, wie es am Morgen oft geschehen war. Die Spitze des Kirchturms von Untermünkheim leuchtete gerade noch im Abendgold. Es ist aber ganz ungewiß, ob die beiden das überhaupt sahen.

Unter dem Eingang des Krankenhauses wollte Anneliese mit einem schelmischen »gut Nacht, Jaköble, Adam« um gut Wetter bitten; aber die Worte blieben ihr in der Kehle stecken, als ihr Dußler mit einem steifen »Guten Abend, Fräulein Pistorius« zuvorkam und kehrt machte, ohne ihr auch nur beim Verstauen des Rades mit einem Handgriff zu helfen.

In seinem Turmzimmer kroch Dußler nach einer außergewöhnlich ausgiebigen Wascherei in sein Bett. Er hatte sich von Kopf bis Fuß geseift, hatte seine prachtvollen Zähne zweimal geputzt; aber dann lachte er sich selbst wegen dieser symbolischen Handlung aus. »Wie ein Rabbiner, der unrein wurde«, brummte er, »wie ein Pharisäer, der aus Versehen Schweinefleisch gegessen hat.«

Nun lag er in seinem Bett und ging mit den Augen allen Rissen im Verputz der Zimmerdecke nach. Er versuchte, in seiner Seele aufzuräumen, und sprach leise vor sich hin: »So ist das also, Dußler? So? Was bist du für ein Kamel, was bist du für ein Hornochse, daß du auf so etwas hereinfällst! Das hättest du doch heute morgen schon wissen können. Aber eigentlich – irgendwo – habe ich das ja auch gewußt, eigentlich habe ich darauf gewartet«, gestand er sich ein. »Eigentlich war es mir ganz recht, wenigstens vorher. Und was ist denn nun schon dabei?« trotzte er gegen sich selber. Aber so kam er nicht weiter. Schließlich war die Frage mit dem Apfel mehr als einmal in seinem Leben an ihn herangekommen, und er hatte nicht gewollt. Es sollte dann seine Frau und nicht sein »Bettschatz« sein, wie Frau Aja einst an ihren berühmten Hätschelhans geschrieben hatte.

»Am Ende sind es eben doch bloß die Eierschalen meiner Erziehung«, zerfte er mit sich selbst weiter, »das pietistische Elternhaus.« Aber was ändert das? Die Buchen wachsen im Schönbuch anders als auf den Albweiden, und der Fingerhut im Schwarzwald ist ein anderer als der auf der Alb. Die Fachleute nennen das Standortvarietät. Schön, aber auch Standortvarietäten sind Tatsachen. Mit wenn und aber kann man kein Leben aufbauen. Schließlich ist der Jakob Dußler, ob er will oder nicht, der Sohn des frommen und rechtschaffenen Schäfers und Stundenmannes Immanuel Dußler und seiner Ehefrau geb. Kullen aus der berühmten pietistischen Schulmeistersfamilie Kullen, die in Hülben seit über 200 Jahren stets die Schulmeister gestellt hat.

Die Mutter, Anna Maria geborene Kullen, hatte Jakob kaum gekannt. Sie war früh gestorben, und der Sohn war nicht ganz sicher, ob er seine Mutter noch aus dem Leben oder nur von der Photographie über dem Bücherbord des Vaters in Erinnerung hatte. Allmählich liefen Dußlers Gedanken durcheinander. Die Mutter rief »Jaköble«, aber der Vater – ob das am Ende Gott Vater war? – rief wie im Garten Eden »am Abend da es kühle ward«: »Adam, wo bist du?« Jakob wollte sich hinter den Erlenbüschen verstecken, aber da stand schon die Pistorius und bot ihm einen Apfel an. Als er ihn in die Hand nahm, bestand er aus lauter Würmern.

Mit solchen unruhigen Träumen schlief Dußler ein. Gegen 4 Uhr erwachte er und fror wie ein Schneider. Seine Zähne schlugen klappernd aufeinander, und er fühlte sich richtig krank. Er stand auf und sah sich mit einer Taschenlampe in den Hals. Die Mandeln waren dick rot verschwollen, und nun merkte er auch, daß das Schlucken weh tat. Das Ther-

mometer zeigte 39,6. »Schöne Sauerei«, brummte Jakob vor sich hin und verkroch sich schnatternd wieder unter seine Decke: »Nun muß ich mich wenigstens morgen mit der Pistorius nicht an den Tisch setzen, es hat ein jedes Ding zwei Seiten.«
Als Schwester Mina rundlich und vergnügt und wohlausgeschlafen nachsah, wo denn ihr Doktor eigentlich bleibe – es war ja schon ½ 8 Uhr – da fand sie einen recht schwer Kranken vor. Kunstgerecht machte sie ihm einen Halswickel, brachte heißes Zitronenwasser und verordnete Bettruhe. Der Kranke ließ sich alles gefallen. Er fiel in einen Halbschlaf. Trotz Kopfweh und Fieber genoß er den Segen einer solchen Krankheit: »So, jetzt ist Pause, jetzt wird abgewartet. Wie sagte doch der Vater: ›No nix narrets.‹ Wie sagte der Cleversulzbacher Pfarrherr Eduard Mörike: ›No nix forciere!‹«
Im anderen Turmzimmer lag nach dem Radausflug Fräulein Anneliese Pistorius in ihrem Bett. Sie war nahe am Losheulen. Nicht weil ihr das heute zum erstenmal passiert wäre. Sie war kein unbeschriebenes Blatt mehr, schon seit ihrem Semester in München. Aber sie spürte ganz genau, daß sie den Dußler, der ihr gefiel, und zwar mehr als viele andere, in dem Augenblick verloren hatte, als sie ihn zu haben meinte. Dieser Bauernbub von der Rauhen Alb, der spie den Apfel einfach aus, weil er wurmig war. Und gerade den Dußler, den hätte sie eigentlich gemocht, mit dem hätte sie leben können, von dem hätte sie gerne Kinder gehabt. »Es gibt noch andere«, tröstete sie sich selbst. Aber sie wußte genau, daß dies nur ein halber Trost sei. Noch im Einschlafen begann sie neue Pläne zu schmieden, wie sie den verlorenen Jakob wieder einfangen könnte.
Dußler war nun fürs erste einmal krank. Wer kennt nicht dieses eigenartige und irgendwie auch wohlige und behagliche Gefühl bei einer so plötzlichen Krankheit. Sie setzt dich einfach und ungefragt außer Gefecht. Die Welt geht weiter, die Arbeit geht weiter, aber du hast ein Moratorium. Um das Kranksein herum gilt ein Stillhalteabkommen. Wie hieß es

doch in dem Film, den sie letzthin hier hatten laufen lassen? »FP 1 antwortet nicht.« Jawohl, Dußler antwortet nicht. Weder der Pistoria noch dem Doktor Härle, weder dem Pontifex noch der Oberin. Nicht einmal der Schwester Senta. »In Fällen höherer Gewalt hat der Bezieher kein Recht auf Zustellung der Zeitung.« Mit 40°C hören alle Verpflichtungen auf. Wie hatte der Chef vorhin bei seinem Besuch gesagt?
»Jetzt werden Sie erst einmal gesund. Wir werden es auch ein paar Tage ohne Sie schaffen. Da muß sich eben die kleine Pistorius ein bißchen mehr dranhalten!«
So genoß Dußler eigentlich sein Kranksein. Er fühlte auch keine Verpflichtung mehr, den gestrigen Sonntag vor sich zu rechtfertigen. Er lag im Bett und döste vor sich hin. Er hörte alle Geräusche, aber nur halb und gedämpft. Was ging ihn das alles an? Ein Hahn krähte, eine Henne gackerte mit lauter Wichtigkeit. Unten klirrten die leeren Kessel vor der Küche, dann scheppterte der Küchenwagen über das holprige Pflaster. Eines ging ins andere über. Es läutete in seinen Halbschlaf hinein zur Andacht, und dann klang ein Choral: »Der Herr ist gut, in dessen Dienst wir stehn«, sangen die Schwestern. »Ob sie den Pfarrer meinen?« dachte Dußler und schlief wieder ein. »Der Herr ist gut« – nun sah er den Vater unter der großen Weidbuche stehen und seine Schafe hüten.
Nach ein paar Tagen war das Schlimmste vorbei. Das Fieber fiel, und Dußler mußte sich klarmachen, daß die Welt trotz allem weiterging und daß Stillhalteabkommen in der Regel befristet sind. Das Kranksein war ihm gar nicht schlecht bekommen. Er hatte Zeit gehabt, alles richtig durchzudenken und Abstand zu gewinnen, Abstand von allem, von der Pistoria, vom Sonntag und vom Apfel der Erkenntnis. Freilich, ganz in Ordnung war das alles weder in Jakobs Kopf noch im Leben. »Das ist kein Mädchen zum Heiraten«, grübelte Dußler zum so und sovielten Male vor sich hin. »Nahmen tät' sie mich ja sicher, aber ich nehm sie nicht, und wenn sie ein Kind kriegte. Lieber zahle ich Alimente. Auf die erste Dummheit

brauche ich nicht mit einer Heirat die zweite zu setzen. Wir passen nicht zusammen. Ich mag sie nicht einmal. Ich hab' sie ja nicht einmal an jenem Sonntag mögen.« Noch immer ärgerte sich Dußler, daß er hereingefallen war. War er denn hereingefallen? Hatte er es nicht schon morgens gewußt, wohin der Hase lief? Und nun gingen die Gedanken wieder im alten Kreis. »Himmel, Hagel und Wolkenbruch, Blinddarm, Gallenstein und Darmverschluß«, unterbrach Dußler seinen Gedankengang. »Wenn nur der Teufel die Pistoria holte!«
Aber der tat das natürlich nicht. Oder wenn sie sich an einen andern hing? Aber die zwei chirurgischen Kollegen zeigten wenig Lust, und der Vikar? Bei diesem Einfall mußte Dußler vor sich hinlachen. Wie war das doch damals in der Studentenkompanie 1920 gewesen? Wieder einmal gab es einen Spartakusputsch, und wieder einmal marschierte die Studentenkompanie mit dem Stahlhelm auf dem Kopf und der Knarre über der Schulter die Landstraßen entlang. Diesmal ging es in Westfalen gegen die Roten. Auf der Landstraße zwischen Paderborn und Dortmund wurde viel gesungen, weil wenig geschossen wurde. Da hatte eines Abends der Student der Theologie Brändle feierlich gegen das Brombeerenlied protestiert und auch gegen das »Wächterlein auf dem Türmlein«, weil beide Lieder unsittlich seien. Dußler summte den letzten Vers des Wächterleins vor sich hin:
»Und wo Heu und Stroh beisammen sein und auch ein Feuer kommt dazu hinein, da muß es endlich brennen, ja brennen.«
Als der Vikar zu seinem täglichen Besuch kam, empfing ihn Dußler singend:

>»*Ein Wächterlein auf dem Türmlein saß,*
>*in sein Hörnlein tut er blasen,*
>*Steht nur auf, steht nur auf ihr jungen Leut'.*
>*Und wer bei seinem Schatzele leit,*
>*der Tag fängt an mit Strahlen*«,

denn das Lied lag ihm noch im Ohr. Es paßte auch gar nicht schlecht zu seiner Stimmung. Aber Brändle ging auf den Text und seine Sündhaftigkeit nicht ein, wie der Sänger gehofft hatte.

»Offenbar bist du am Gesundwerden, Dußler. Drei Tage war der Frosch so krank, jetzt singt er wieder, Gott sei Dank. Wann willst du wieder anfangen?«

Der Patient antwortete sehr feierlich: »Das weiß nur der liebe Gott und der Pfarrer Hartwig.«

»Den Spruch von dir kenn' ich schon«, entgegnete Brändle unwillig und setzte sich auf den nächsten Stuhl, »auch dem Pfarrer ist er längst zu Ohren gekommen, und ich glaube, er nimmt ihn dir übel. Der Spruch geht durchs ganze Haus, seit du ihn aufgebracht hast.«

»So? Und woher weiß er denn das schon wieder? Ein schlimmeres Schwätznest als so ein Diakonissenhaus gibt es sicher nicht noch einmal, wenn man die Mädchenpensionate außer Konkurrenz läßt.« Dußler, der in die Sonne geblinzelt hatte, die hinter der Kapelle heraufgekommen war und nun durch seine Turmstube einen breiten, hellen Streifen legte, nieste laut und mit Genuß. Noch ehe der Brändle »Gesundheit« sagen konnte, rief Dußler:

»Was wettest du, wenn ich hier im Krankenhaus niese, sagt der Pfarrer droben im Mutterhaus: ›Zur Genesung, mein lieber Herr Dußler.‹«

»Du bist ungerecht wie meistens, du hast wie immer ein böses Mundwerk und kannst dir keinen Spruch und keinen Witz versagen. Es ist gerade, als wenn du Angst hättest, er bliebe dir im Hals stecken und machte dir einen Kropf.«

»Mensch, deine Anatomie! Es graust mir richtig.«

»Wahrscheinlich ist deine Theologie auch nicht besser, Dußler. Übrigens brauchst du dich gar nicht zu wundern, wenn der Pfarrer alles erfährt, was du an Bosheiten erzeugst. Ich glaube, du hast heut' noch blaue Flecken am Schienbein, so oft habe ich dich im Kasino mahnen müssen, du solltest vorsichtig sein und dich vor dem Doktor Schult in acht neh-

men, der ja doch alles, was er hört, dem Pfarrer weitererzählt.«
»Soll er doch«, trumpfte der Doktor auf, »soll er doch, ich bin weder mit deinem Pfarrer noch mit dem Diak verheiratet. Wenn ich ihnen nicht recht bin, dann schüttle ich den Staub von meinen Füßen und ...«
»Lästere nicht schon wieder!« mahnte Brändle.
»Gut, um deinetwillen, Herr Vikar, aber dann schüttle ich den Staub von meinen mäßig geputzten Schuhen und haue ab. Mich kann das ganze Diak gern haben. – Übrigens, ich hab' gar nichts gegen den Hartwig. Der Mann imponiert mir. Vielleicht hat er überhaupt nur einen einzigen Fehler: Er hätte zweihundert Jahre früher auf die Welt kommen müssen.«
»Warum?« fragte Brändle ohne Verständnis.
»Warum?« wiederholte der Doktor, der wieder einmal im Zuge war, »warum? Weil er dann Bischof von Bamberg oder Würzburg oder sonst einer schönen Stadt geworden wäre, und bei jeder Besichtigung im Jahre 1928 würde es heißen«, und nun fiel Dußler in den Ton und den Stil eines berufsmäßigen Fremdenführers: »›Was Sie hier sehen, ist eigentlich das Werk eines einzigen Mannes. Dom, Kloster und Bibliothek, Lustgarten und Schloß wurden unter Bischof Hartwig erbaut. Er hat dieser Stadt für immer das Gepräge gegeben.‹ Nein, mein lieber Vikar, der Mann imponiert mir. So ein Haus mit lauter Frauen leiten – du weißt doch, daß man Frauen eigentlich nur in der Einzahl haben kann und soll – Gutshöfe betreuen, Pfarrer sein, auf so ein Krankenhaus aufpassen, Direktor und Seelsorger – mir imponiert der Hartwig ganz gewaltig. Habe ich ihn denn beleidigt, wenn ich sage, ›das weiß nur der liebe Gott und Pfarrer Hartwig?‹ Bist du für die Umkehrung? Ich nicht. Und wenn ich die beiden nebeneinanderstelle, wen beleidigt das schließlich? Für den Hartwig kann das nur eine Ehre sein, denn der Knecht ist nicht höher als der Meister. Den lieben Gott? Dem wird es ziemlich gleichgültig sein. Für den fällt der Hartwig ebenso

wie du und ich unter das Wort ›Wir sind allzumal Sünder‹ und...«
»Halt dein ungewaschenes Maul«, sagte Brändle mit einer Grobheit, die an den Tübinger Kasernenhof erinnerte. »Jetzt hör' auf! Wenn du die Bibel in den Mund nimmst, kommt es immer auf eine Lästerung heraus.«
»Ja Brändle, es halt jedes Ding zwei Seiten – darf ich weitermachen?«
»Wenn kein Bibelspruch und kein Gesangbuchvers drin vorkommen, ja.«
»Wird hiermit feierlich versprochen, also:

»*Es hat a jedes Ding zwei Seite,*
es kommt bloß auf da Standpukt a'.
Drum kann mer über alles streite,
es guckt halt jeder, wie'ner ka'.
A Kuh sait Futter, wenn mir Blome saget,
a Stier sait Mädle ond mir saget Kuh,
und wann die Stadtleut über Rega klaget,
no sait der Bauer, so isch recht, no zu.«

»Wo kriegst du *den* Vers schon wieder her?«
»Oiges G'wächs, Herr Vikar, oiges G'wächs. Solche Verse brauch' ich, damit ich nicht zum Erschrecken des Herrn Vikar Brändle einem ordinierten Diener der christlichen Kirche Bibel und Gesangbuchvers am falschen Ort zitiere.«

DAS WUNDER

Zwei Tage nach dieser Unterhaltung nahm Dußler, obwohl er noch etwas wackelig auf den Beinen war, seine Arbeit wieder auf. Das erste Zusammentreffen mit der Pistorius ging erstaunlich gut, aber nur, weil die Doktorin viel klüger und welterfahrener war als er. Sie begrüßte ihn:
»Guten Morgen, Herr Dußler, wieder gesund?« und fuhr mit

dem harmlosesten und freundlichsten Gesicht von der Welt fort: »Man muß halt beim Baden in der Jagst sehr aufpassen, daß man sich nicht erkältet.«
Da die beiden chirurgischen Assistenten und der Vikar mit am Tisch saßen, lief die Unterhaltung bald alltägliche Wege. Und so war der Anfang zur Rückkehr ins Leben gemacht.
Das Bild Schwester Sentas ging Dußler in diesen Tagen immer wieder im Kopf herum, und er hätte ihr frisches Gesicht gern wieder einmal aus der Nähe gesehen und nicht nur aus der frommen Entfernung in der Kirchenbank. Da half ihm ein freundlicher Zufall. »Was dem einen sin Ul ist, ist dem andern sin Nachtigall.«
Doktor August Härle war mit seinen sechzig Jahren nicht mehr der Allerjüngste, und sein Herz war wohl schon eine Weile nicht ganz in Ordnung. Er hätte sich sonst von Dußler nicht immer wieder einmal acht Tage lang Strophantin spritzen lassen. Aber Härle war nicht der Mann, der über solche Dinge sprach, und Dußler war nicht der Mann, der unnötig fragte. Als Dußler wiederhergestellt war, bat ihn Härle einmal zu sich, um ihm zu sagen, daß er, Härle, sich etwas schonen müsse.
»Sie wissen ja, man läßt sich Strophantin nicht zum Vergnügen spritzen. Es wäre mir recht, wenn Sie mir einmal für einige Zeit den Schwesternkurs abnehmen könnten. Die Kollegin Pistorius ist zwar etwas älter als Sie, aber Frauen wollen keine Frauen als Respektspersonen. Der Herr Pfarrer und die Frau Oberin sind damit einverstanden, daß Sie versuchsweise einmal den Kurs übernehmen. Herr Pfarrer Hartwig läßt Ihnen aber durch mich besonders sagen, Sie möchten dabei nicht den nötigen Ernst vermissen lassen. Im Herbst ist Examen, wir können die Stunden nicht einfach ausfallen lassen. Trauen Sie sich den Kurs zu?«
Dußler bejahte. Er war sein Lebtag so eine Art verhinderter Schulmeister gewesen. Seinerzeit nach der Reifeprüfung in Urach hätte nicht viel gefehlt, daß er statt Arzt Lehrer geworden wäre.

»Dummerweise«, fuhr Härle fort, »ist die alte Schwester Brigitte, die Schulschwester, auch nicht auf der Höhe. Sie muß aussetzen, und ich weiß nicht, ob sie nochmals anfangen kann. Aber der Herr Pfarrer meint, man könne es ihr nicht antun, daß man ihr schon jetzt eine endgültige Nachfolgerin gibt. Nun soll Schwester Senta, des Herrn Pfarrers rechte Hand, die Vertretung übernehmen, vielleicht, wenn sie sich bewährt, für dauernd. Es kann sein, daß es dem Kurs ganz gut tut, wenn er einmal von jüngeren Leuten betreut wird. Also«, schloß Härle, »binden Sie sich bitte Ihr freches Mundwerk ein wenig hinten hinum. Sie wissen, ich nehme Ihnen Ihre Schnurren nicht übel; aber die Leitung des Mutterhauses wünscht ausdrücklich, daß Sie im Geist des Hauses unterrichten.«

Dußler wußte nicht, wie ihm geschah. Was Härle da gesagt hatte, das hieß nicht mehr und nicht weniger, als daß er, Dußler, dreimal in der Woche mit Schwester Senta zusammen Schulstunden halten sollte, daß er jede Woche dreimal mindestens eine ganze Stunde mit Schwester Senta zusammensein konnte und daß er mit ihr über Schwestern und Kurs öfters zu reden haben würde. Dußler faßte sich, sagte zu allem ja und amen und ging. Auf den nächsten Montag war die erste Stunde festgesetzt.

Dreiundzwanzig Schwestern nahmen in diesem Jahr am Kurs teil. Fünfzehn davon trugen große Hauben und waren nun schon im siebten Jahre Diakonisse.

Das Mutterhaus hatte sie zum Kurs und zur Vorschule vor der Einsegnung von ihren Außenstationen in den Gemeinden und von fremden Krankenhäusern einberufen. Nach dem Examen sollten sie dann zur Rüstzeit in das Heim der Diakonissenanstalt nach Calw fahren und sich dort auf den Festtag ihrer Einsegnung vorbereiten. Die acht Lernschwestern aber waren junge Mädchen, die nur für ein Jahr nach Hall gekommen waren, um hier ihr Examen zu machen. Statt der großen Haube trugen sie eine kleine, statt der großen Schlaufe hatten sie eine Brosche mit einem Kreuz. Sie konnten auch einmal

»in Zivil« ausgehen und stellten ein Mittelding zwischen Orden und Welt dar.

Alljährlich gab es unter den Lernschwestern recht brauchbare und manchmal sogar hübsche Mädchen. Aus allen Teilen des schwäbischen Landes, von der Alb und vom Bodensee, vom Schwarzwald und aus dem Hohenlohischen, kam da eine sehr vergnügte Schar zusammen. Sie hausten gemeinsam in zwei oder drei großen Stuben des Mutterhauses und viele fanden in Hall nicht nur einen Beruf, sondern auch eine Freundschaft fürs Leben. Hie und da blieb eine Lernschwester an einem Vikar oder an einem Doktor hängen. Das war dann – aber erst wenn es einmal soweit war, und vorher war es sehr schlimm – kein Unglück, sondern eher ein erfreuliches Ereignis. Nur bei den großen Hauben durfte so etwas nicht vorkommen. Geschah es doch einmal, so gab es eine kleine Katastrophe. Man flüsterte noch jahrelang darüber, und die Anstalt schnitt alle Bande zwischen sich und einem solchen Weltkind durch.

Der Kurs, der auf Dußler wartete, war wieder einmal eine recht gute Mischung. Die großen und kleinen Hauben verstanden sich gut, und es hatte sich bald eine fröhliche Lerngemeinschaft ergeben. Nur hie und da war die Fröhlichkeit durch den säuerlichen Ernst der etwas ältlichen Lehrschwester gedämpft worden.

Am Montag früh, kurz vor sieben Uhr, schwatzte der ganze Schulsaal aufgeregt durcheinander, Denn alle, nicht nur »der liebe Gott und Pfarrer Hartwig«, wußten, daß der Doktor Dußler den Kurs halten sollte, und daß Schwester Senta die Schulschwester vertreten werde. Das war nun wirklich ein Ereignis, denn alle kannten Schwester Senta als einen fröhlichen Menschen, und Dußler war, trotz oder wegen seines Mundwerks, bei den Schwestern beliebt. Stets hatte er eine Schnurre auf Lager, stets wußte er irgendeinen passenden oder unpassenden Vers, irgendein Zitat. Wie oft kam es vor, daß Dußler, wenn er einer Schwester etwas zeigen mußte, oder bei irgendeiner gemeinsamen Arbeit mit todernstem

Gesicht fragte: »Zugehörige Bibelstelle? – Zugehöriger Gesangbuchvers?« Selten konnte eine Schwester so schlagfertig zitieren, daß Dußler nicht zu Wort kam. Bei einer Bauchpunktion hieß es dann: »Nur immer frisch hinein, es wird so tief nicht sein.« Suchte man vergeblich in einem vollen Topf nach dem Kopf eines Bandwurms, so brummte Dußler: »Auch das Meer gibt seine Toten wieder.« Eine Geschichte lief durch das ganze Haus und wurde, je nachdem, mit Lachen oder mit Kopfschütteln oder mit beidem zusammen weitererzählt.

Es gab da in der Verwaltung eine Schwester Emma, der Dußler den Namen Maulwurf aufgetrieben hatte. Da der Name gar so gut paßte, blieb er hängen wie eine Klette am Wollstrumpf. Dußler, der für die Bettenbelegung verantwortlich war, hatte eingeführt, daß er alle schriftlichen Anfragen und alle Antworten gegenzeichnete; denn es war schon mehr als einmal vorgekommen, daß jemand von weither zu Härle, der einen guten Ruf hatte, angemeldet worden war und, als er kam, kein leeres Bett vorgefunden hatte. So etwas brachte dann unnötigen Streit und Schwierigkeiten. Nun war das wieder einmal vorgekommen. Dußler schimpfte am Telefon wie ein Rohrspatz; Schwester Emma, der Maulwurf, die diesmal genau wußte, daß sie keinen Fehler gemacht hatte, war beleidigt und fühlte sich im Recht. Sie schickte dem ärgerlichen Doktor das Schriftstück, das tatsächlich seine Unterschrift trug. Drunter aber stand mit Schwester Emmas spitzigen, dünnen Schriftzügen: »Welche Gerechtigkeit soll ich noch erfüllen? Schwester Emma.« Da war Dußler spornstreichs zu Brändle gerannt, nahm dessen Calwer Konkordanz vom Regal und suchte, bis er die Stelle Jesaja 5, Vers 7 fand: »Er wartete auf Recht – siehe, so ist's Schinderei –, auf Gerechtigkeit – siehe, so ist's Klage.« Und so schrieb er unter Schwester Emmas Randbemerkung nur: Jesaja 5, Vers 7, Dr. Dußler. Sogar Brändle mußte lachen, und es lachte das ganze Haus.

Die Lernschwestern mochten Dußler besonders gern, und

von einer unter ihnen hatte er letzthin eine Antwort erhalten, die die Runde nicht nur bei dem jungen Volk mit der kleinen Haube machte, sondern bei allen, die sich in Tübingen auskannten. Während einer Lumbalpunktion frug Dußler in die feierliche Stille hinein die Lernschwester Bärbel:
»Wie heißen Sie eigentlich mit Nachnamen?«
»Knapp.«
»Betende oder saufende Linie?«
Schwester Bärbel war nicht auf den Mund gefallen, sie wußte in und um Tübingen Bescheid, hatte sie doch auf mehr als einem Stiftungsfest bei roten, weißen und blauen Mützen und bei schwarzen Verbindungen getanzt. Und so bekam Dußler schlagfertig die Antwort:
»Beides, Herr Doktor, vom Vater her saufende Linie, von der Mutter her betende.«
Über diese Geschichte soll sogar Hartwig gelacht haben, der ein Bundesbruder des Vater Knapp war und beide Linien kannte, die übrigens je nachdem in ihren einzelnen Vertretern erheblich besser oder schlechter als ihr Ruf waren.
Als aber die Oberin, die in Tübingen und im Stift nicht so gut Bescheid wußte wie Pfarrer Hartwig, diesen wegen der Geschichte frug, die da wieder durchs ganze Diak wisperte, meinte dieser doch: »Er läßt den nötigen Ernst vermissen. Ich würde ihm den Schwesternkurs nicht anvertrauen, wenn ich jemand anders hätte.«
Weil aber Pfarrer Hartwig niemand anders zur Verfügung stand – er hätte sonst die Pistorius nehmen müssen, gegen die sich aber Oberin und Schwestern noch mehr wehrten –, so fing Dußler am Montagmorgen um sieben Uhr mit seinem Schwesternkurs an. Die ganze Schar saß wie sonst, vorne die kleinen und dahinter die großen Hauben; denn schließlich waren die kleinen Hauben Gäste, die bald wieder gingen, die großen aber waren sozusagen in ihres Vaters Haus oder richtiger in ihrem Mutterhaus. Sie waren alle ein bißchen vergnügter und aufgeregt als üblich. Dußler kam mit Schwester Senta.

»Aller Anfang ist schwer, also probieren wir's halt miteinander«, begann der Doktor. »Schafe hüten habe ich bei meinem Vater gelernt, Medizin beim Doktor Härle, wenn ich beides zusammenlege, wird es wohl für den Schwesternkurs reichen. Was meinen Sie, Schwester Senta?«
Dußler bereiteten die Stunden richtiges Vergnügen. Den Mädchen mit den großen und kleinen Hauben behagte der fröhliche Ton, und Dußler behagte die Unterhaltung mit dieser Schar, die immer mehr auftaute. Freilich, seiner Scherze und Anspielungen wurden nur mehr. Immer wieder juckte es ihn, Formulierungen und Meinungen so zu überspitzen, daß es Schwester Senta reizen und zu einer Aussprache nach der Schulstunde zwingen mußte. Der Unterricht war gut. Dies betonte Schwester Senta auch auf Anfragen des Pfarrers und der Oberin. Schwester Senta merkte in den Wiederholungsstunden, die sie regelmäßig halten mußte, um wieviel besser fröhlich Gelerntes behalten wird. Dazu kam, daß Dußler wirklich ein guter Schulmeister war, der stets ein Beispiel oder einen Vergleich zur Hand hatte. Hier wenigstens schien das Erbgut der Mutter, die eine geborene Kullen war, durchzuschlagen.
Schwester Senta aber wurde in den Doktorstunden von Mal zu Mal unsicherer. Sie war eben doch eine Frau und fühlte bald heraus, daß dieses oft etwas boshafte, aber fröhliche Rankenwerk um Anatomie, Physiologie und Krankheitslehre eigentlich ihr galt, und daß besonders gewagte Vergleiche nur ihr zu Ehren ausgesprochen wurden. Als Dußler letzthin einmal äußerte: »Eigentlich ist die Frau doch eine Fehlkonstruktion des lieben Gottes«, da hatte sie einen kurzen Blick aufgefangen, der so viel sagte oder noch mehr als der längste Brief.
Nach jeder Stunde blieb Schwester Senta mit der ganzen Schwesternschar zurück zu einer Stunde praktischen Unterrichts. So gelang es Dußler kaum einmal, sich mit Schwester Senta allein zu unterhalten. Die Frage, ob er seine Lehrschwester eigentlich gern habe, beantwortete er sich nun mit

einem unbedingten Ja. Aber der Frage »Was soll daraus werden?« ging er geflissentlich aus dem Wege. Der neue Schwesternkurs lief nun unter den beiden jungen Lehrern schon in der dritten Woche, als es zu einer recht schwierigen Aussprache kam. Dußler ließ nämlich am Schluß jeder Stunde die Schwestern nach Dingen fragen, die ihnen auf den Krankenabteilungen aufgefallen waren und die sie nicht verstanden hatten.
Richtig brachte ihm – er hatte es schon gefürchtet – die Schwester Bärbel Knapp die Frage nach dem Luisle daher.
Mit dem Luisle hatte es folgende Bewandtnis: War da vor acht Wochen das dreizehnjährige Luisle Gronbach aus Vellberg gebracht worden wegen unerträglicher Kopfschmerzen, wegen dauernden Erbrechens und Schwindels. Das Kind hatte Doppelbilder, eine schwere Gangstörung, und der Chef stellte auf Anhieb die einzig mögliche Diagnose: Gehirngeschwulst. Er bat noch auf seine eigenen Kosten einen Nervenarzt von Stuttgart zum Konsilium und ebenso den Augenarzt aus der Stadt. Alle beide konnten nur bestätigen, daß es sich um einen raumbeengenden Prozeß im Schädelinnern, also fast mit Sicherheit um eine Geschwulst handle, die an einer ganz bestimmten und auch an einer genau bestimmbaren Stelle ihren Sitz habe. Härle ließ die Mutter kommen und sagte ihr, daß die Operation beim heutigen Stand der Wissenschaft so gut wie völlig aussichtslos sei, ja, daß es kaum einen Chirurgen gäbe, der sich überhaupt daran wagen würde. Die Kosten seien fast unerschwinglich, und so rate er von der Operation ab. Luisles Mutter war eine vernünftige, tapfere und rechtschaffene Frau. Sie bedankte sich für die Auskunft und nahm das Kind mit heim. »Es soll wenigstens zu Hause sterben.«
Und nun war das Luisle vor ein paar Tagen vergnügt und gesund dagewesen, um sich dem Chef vorzustellen. Sie war wirklich gesund und sah mit roten Backen und dicken aufgesteckten braunen Zöpfen aus wie das Leben selbst. Härle hatte den Nervenarzt noch einmal kommen lassen und den

Augenarzt gebeten. Alle drei konnten nur feststellen: »Ohne krankhaften Befund.« Die Mutter hatte das Mädchen gebracht und zu Doktor Härle gesagt: »Herr Doktor, Sie sind damals so freundlich gewesen und haben sich so große Mühe gegeben. Ich möchte Ihnen deshalb von dem Wunder erzählen. Der Herr Jesus hat das Luisle geheilt. Wir waren beim Vater Stanger, und er hat es gesundgebetet.«
Härle war nicht der Mann, der eine Sache oder ein Ereignis einfach abgelehnt hätte, nur weil es ihm nicht in seine Gedanken oder Vorstellungen paßte. Er war aber auch Arzt und Naturwissenschaftler genug, um die Verpflichtung zu fühlen, einem solchen Wunder auf den Grund zu gehen. Und so nahm er die Mutter ohne das Kind in sein Zimmer mit. Er winkte Dußler, daß er mitkommen möge. Härle lehnte sich in seinen Schreibtischstuhl, die Frau mußte in seinem Patientenstuhl, von Härle der Tränenstuhl genannt, Platz nehmen. Dußler setzte sich in die Ecke neben dem großen und übervollen Bücherregal. Härle putzte umständlich seine Brille.
»Nun, Frau Gronbach, erzählen Sie uns doch noch einmal ganz ausführlich, wie das alles kam.«
Luisles Mutter saß aufrecht auf der Kante des bequemen Tränenstuhls, ohne anzulehnen. Sie war ein bißchen unsicher und nestelte an den Trägern ihrer geflickten alten Handtasche herum, die sie vor sich auf die Knie gestellt hatte. Aber Härles gütige blaue Augen und sein freundlicher Ton beruhigten die etwas aufgeregte Frau, und sie begann zu erzählen:
»Wissen Sie, Herr Doktor, nachdem Sie und alle die anderen Herren gesagt haben, daß man dem Luisle nimmer helfen könne, da wollte ich es doch noch mit dem Vater Stanger probieren. Unsere Gemeindeschwester, die Schwester Kathrine, ist doch selbst aus Möttlingen. Die hat mir zugeredet und ist auch mitgefahren. Dann hat der Vater Stanger mit uns eine Viertelstunde lang gebetet, und am andern Morgen war das Luisle gesund.«
»Halt«, unterbrach Härle, »ich muß das noch viel genauer wissen, fangen Sie doch bitte noch einmal von vorne an. Sie

fuhren mit dem Postauto von Vellberg nach Hall und von dort mit dem Zug bis Stuttgart und von Stuttgart nach Calw. Wie ging es denn auf der Fahrt?«
»So schlecht wie immer, Herr Doktor. Luisle hatte schreckliches Kopfweh und mußte immer wieder erbrechen. Wenn die Schwester Kathrine nicht mitgefahren wäre, hätten wir sicher schon in Hall kehrt gemacht. Im Zug bekamen wir dann ein Abteil allein, weil Schwester Kathrine dem Schaffner alles erzählt hatte und der Schaffner selbst auch schon in Möttlingen gewesen war. So konnten wir das Luisle wenigstens auf eine Bank legen. In Calw holte uns der alte Ratfelder mit seinem Schaisle ab. Am Abend hat der Vater Stanger noch mit uns gebetet, und am andern Morgen hatte das Luisle kein Kopfweh mehr und keinen Schwindel. Als der Vater Stanger am andern Morgen kam, sagte er nur ganz feierlich: ›Stehe auf und wandle.‹ Und da konnte das Luisle aufstehen und gehen und war gesund.«
Aber auch dieser Bericht genügte dem gründlichen Härle noch nicht. Die Frau mußte ihm sozusagen jeden Kilometer der Fahrt beschreiben. Es war aber nichts Besonderes dabei, und das Gebet Vater Stangers machte Härle offenbar weniger Eindruck, als es der Krankheit gemacht hatte. Nun folgte die Schilderung der fraglichen Nacht, und da endlich kam etwas Neues heraus, etwas, das Härle nicht gewußt und mit dem er doch gerechnet hatte: Die Ursache der Heilung – wenigstens nach der Ansicht Härles. Das Luisle bekam in der Nacht nach dem Gebet seine erste Periode, und dann war das Mädchen am nächsten Morgen gesund aufgewacht.
Härle redete der Mutter das Wunder nicht aus. Er bedankte sich für ihr Kommen und wünschte dem Kind alles Gute. Als aber die Frau weggegangen war, da wälzten die beiden Ärzte alles, was Härle an Büchern hatte, bis sie in einem Handbuch fanden, daß es in seltenen Fällen vor der Periode, besonders vor der ersten, zu umschriebenen Gehirnschwellungen kommen könne. Also zu einem Ödem, das natürlich »als raumbeengender Prozeß« alle Anzeichen einer Geschwulst machen

könne. Mit Eintritt der Periode verschwänden dann in der Regel alle Erscheinungen. Härle war befriedigt, Dußler auch. Ein sehr interessanter Fall. Und nun kam da die Lernschwester Bärbel Knapp, von der Dußler schon ahnte, daß sie dem Vikar und der Vikar ihr gefiel, und frug, was es eigentlich mit solch einem Wunder auf sich habe.
Dußler erzählte, was er wußte, er erklärte genau, daß dieses Wunder nur anscheinend ein Wunder sei. Es habe sich ganz einfach um eine Störung an den inneren Drüsen gehandelt, die sich dann in der fraglichen Nacht mit oder ohne Gebet in typischer Weise behoben hätte. Man könne höchstens sagen, daß die Aufregungen des ganzen Tages den Vorgang vielleicht beschleunigt hätten. Die großen und kleinen Hauben blickten andächtig und gläubig, und der Doktor kam sich sehr gescheit vor. Aber als er fertig war, merkte er gut, daß Schwester Senta, deren Gesicht ihm stets als Barometer für den Wert seiner Stunde diente, recht unruhige Ausschläge nach »nicht zufrieden und nicht einverstanden« anzeigte. Als sich Dußler bei ihr verabschiedete, sagte sie:
»Darüber sollten wir uns noch einmal ausführlicher unterhalten. Wenn Sie Lust haben und Zeit, so kommen Sie doch heute mittag mit Ihrem Freund, dem Herrn Vikar, zu einer Tasse Kaffee zu mir.«
Natürlich hatte Dußler Lust und natürlich sagte er zu, auch wenn er lieber allein hingegangen wäre. Immerhin – er freute sich auf die Tasse Kaffee mit allem Drum und Dran.
Nach dem Mittagessen machte sich Dußler ein wenig schöner als sonst. Brändle, der gekommen war, um ihn abzuholen, saß bei ihm auf der Bude und sah zu, wie sich der Freund sorgsam rasierte. Vor dem zweiten Einpinseln brummte Dußler:
»Ich möchte bloß wissen, was das Mädle von uns beiden will.«
»Mädle?« entgegnete der Vikar, »meinst du damit am Ende Schwester Senta? Dann laß dir sagen, sie ist Diakonisse, wenn du das noch nicht gemerkt haben solltest.«
»Warum soll ich nicht Mädle sagen?« Dußler zog sein Messer

noch einmal sorgsam auf dem Handballen ab und prüfte seine Schärfe. »Ist das etwa kein Mädle? Mensch, die Haube allein tut's freilich nicht. Haube und Schürze machen aus so jemand noch lange kein Neutrum«, sprach's und schabte sich den Schaum gegen den Strich ab.
Brändle wußte wieder einmal, wie so oft, wenn er mit dem alten Kriegskameraden stritt, keine Antwort mehr. Der hatte stets recht und unrecht zugleich.
»Bist du bald fertig? Man meint gerade, du wolltest auf Brautschau gehen.«
»Warum nicht«, trumpfte der Doktor auf und wusch sich die Schaumreste vom Gesicht, »warum nicht, Johannes? Die Senta wär mir gleich recht.«
»Jetzt hörst du aber mit deinem Lästern auf, Schwester Senta ist eingesegnet!«
»Auch das tut's nicht, ich sag dir's ja, Brändle.« Dußler band mit Andacht seinen schönsten dunkelgrünen Schlips um, von dem er wußte, daß er ihm besonders gut zu Gesichte stand. »Ich sag dir's ja, die Haube tut's allein nicht und auch nicht die Einsegnung. Oder willst du vielleicht behaupten, es sei eine Sünde, wenn eine Diakonisse heiratet?«
Brändle fühlte sich richtig in die Enge getrieben. »Sünde? Ich weiß nicht, aber es ist gegen Gottes Ordnung.«
Oho, nun hatte der Doktor Oberwasser. »Du bist mir ein schöner Theologe, dein IIa oben gehört heute noch umgewandelt in ein IIIb unten, denn erstens sind die Satzungen des Kaiserswerther Verbands noch lange nicht Gottes Ordnung. Man könnte sie höchstens bei den Apokryphen hinter dem Jesus Sirach unterbringen. Wie heißt es doch bei Martin Luther: ›Das sind Bücher, so der Heiligen Schrift nicht gleichgehalten und doch nützlich und gut zu lesen sind.‹ Zweitens, daß es Frauen und Männer gibt, das ist Gottes Ordnung, nachzulesen bei Moses im ersten Buch. Und drittens, Heiraten ist trotz deinem Paulus auch Gottes Ordnung; was würde sonst aus allen evangelischen Pfarrhäusern? Kennst du den

Vers, der, soviel ich weiß, ursprünglich von dem frommen Peter Rosegger stammt:

*Eijo freie, sagt'r ond hot g'lacht,
grad für d' Bua'm han i d'Dirndl g'macht.*

Komm, sei friedlich, Johannes Brändle! Noch hab' ich mich mit Schwester Senta nicht verlobt. Aber ich tät' es auf der Stelle, wenn ich könnte. Komm, gehen wir, damit sie nicht so lange auf uns zu warten braucht. Ich bin schon gespannt auf das, was sie uns zweien zu sagen hat. Weißt du, wie mir zumute ist? Wie damals, als wir aus Schirmeck hinaus in Marschkolonne dem Donon zumarschierten und nicht wußten, aber doch ahnten, was der Franzose auf seinen Höhen für uns bereithielt.«
Schwester Senta bewohnte im Mutterhaus ihr eigenes Zimmer. Die Möbel, ohne Stil, stammten irgendwoher. Schrank und Bett hatten gedrehte Aufsätze und überall Zierleisten, so wie es Publikum und Schreiner um die Jahrhundertwende herum für schön gehalten hatten. Der Waschtisch versteckte sich schamhaft hinter einem Vorhang, der von gleichem Muster und gleicher Farbe war wie der Bettüberwurf und die Gardinen, die die heiße Westsonne abhielten und gleichzeitig im durchfallenden Licht alles in ein warmes Braunrot tauchten. Rechts und links vom Schreibtisch hingen zwei vergilbte Photographien, Vater und Mutter der Bewohnerin, über dem Bett ein guter Farbendruck, der eine Landschaft aus der Gegend der Masurischen Seen zeigte.
Als die beiden feindlichen Kriegskameraden eintraten, fanden sie einen freundlich gedeckten runden Tisch, auf dem auch ein paar Blumen nicht vergessen waren. Einen Teekuchen hatte die Bäckerei gestiftet, und Schwester Senta war der Vers eingefallen, den sie damals von Dußler an ihrem Geburtstag gehört hatte:

*Das Brot für deinen Leib backt man in diesem Haus,
das Brot für deine Seel' teilt man dort oben aus.*

»Ich bin Ihnen sehr dankbar, Herr Doktor, daß Sie sich frei gemacht haben. Es geht mir um den Schwesternkurs, und daß wir nicht gar zu Entgegengesetztes lehren und damit einen unnötigen Wirrwarr in bis dahin ruhige Herzen bringen. Ich dank' Ihnen auch, Herr Vikar«, und dabei bekam jeder eine Hand, »ich brauche gegen Ihren Doktor da einen geistlichen Beistand.«
Dußler setzte sich auf den angebotenen Stuhl: »Das kann ja gut werden, Schwester Senta.«
»Ob ich viel helfen kann?« zweifelte der Vikar in seiner ganzen Unsicherheit, und die alte Narbe lief von der Nase bis zum linken Ohr dunkelrot an, wie immer, wenn ihr Träger verlegen wurde.
Als beide saßen, brachte die Gastgeberin mit hausfraulichem Geschick die Kaffeestunde in Gang, um gleich dort anzufangen, wo es ihr wichtig war.
»Es geht, wie Sie sich denken können, Herr Doktor, um das Wunder der kleinen Luise. Unser Doktor da«, wandte sie sich an Brändle, »meint, es handle sich um gar kein Wunder, sondern nur eben um die rein zufällige Behebung einer Störung der inneren Drüsen. Eine Behebung, die durch den Eintritt der Periode beim Luisle mit und ohne Vater Stanger und mit und ohne Gebet eingetreten wäre. Der Herr Doktor hat wörtlich gesagt: ›Der zeitliche Zusammenhang ist nicht auch ein ursächlicher.‹ – Meine Schwestern, und vor allem meine Diakonissen, sind anderer Ansicht und sagen, das ist eine klare Gebetserhörung und ein Wunder. Das Abdrehen ins ärztlich Naturwissenschaftliche empfinden sie als Sünde und Unglauben. Ich selber weiß auch noch nicht, was ich davon halten soll. Aber eigentlich müßten wir drei in unsern Stunden doch etwas Ähnliches sagen, nicht wahr, Herr Doktor?«
Dußler nickte verlegen und sagte nur: »Wenn möglich.«

Schwester Senta fuhr fort: »Ich hab' mir nun gedacht, wir reden einmal darüber. Dreierkonferenzen am runden Tisch sind ja auch in der hohen Politik Mode geworden.«
Der Vikar nickte eifrig und schoß los: »Über den Vater Stanger kann man denken, wie man will, und über seine Rettungsarche auch. Mit gefällt auch nicht alles, ich bin drei Tage dort gewesen und hab' mir's angesehen. Aber er ist ein frommer Mann.«
»Und ein bekehrter Säufer und fluchender Fuhrmann dazu«, unterbrach ihn der Doktor.
»Ein frommer Mann ist er aber doch«, fuhr der Vikar tapfer fort. »Wir haben wohl alle eine Bekehrung nötig, auch wenn wir nicht gerade saufen.«
»Oder«, sekundierte Schwester Senta, »Bibelworte ohne Not im Munde führen«, mit einem Seitenblick auf Dußler. Dieser quittierte Blick und Seitenhieb allerdings mit einem strahlenden Gesicht, als wollte er sagen: »Gelt, das gilt mir.«
»Ich meine nun«, knüpfte der Vikar seinen abgerissenen Faden wieder an, »wenn ein frommer Mann um die Genesung eines Schwerkranken bittet und dieser Bitte die Erhörung auf dem Fuße folgt, nachdem alle ärztliche Kunst versagt hat, dann sollte man trotz aller naturwissenschaftlichen Erklärungsmöglichkeiten das Wunder nicht leugnen.«
Nun platzte Meinung auf Meinung. Der Doktor und der Vikar versteiften sich jeder auf seine Ansicht, und bald war das Kampfgeschrei das übliche: Hie Naturwissenschaft, hie Glauben; und es schien keine Brücke zu geben.
Die Gastgeberin hörte schweigend und aufmerksam zu. Aber allmählich kam auf ihr Gesicht jenes schalkhafte Lächeln, das sie besonders hübsch machte. Dußler merkte die Veränderung trotz dem Eifer, mit dem der Streit weiterging, und wurde unsicher. Schließlich fragte er geradeheraus:
»Schwester Senta, Sie sehen aus, als wenn Sie eine Lösung wüßten. Wenn dem so ist, so legen Sie los, ehe wir zwei uns umbringen. Sie sehen, Medizin und Theologie liegen sich

wieder einmal in den Haaren, und niemand sieht den berühmten Silberstreifen.«
Vorsichtig und bedächtig und recht abwägend, ein Wort neben das andere setzend, antwortete die Frau den beiden Männern: »Ich meine, Herr Dußler, Sie hätten schon lange und mehr als einmal das lösende und befreiende Wort gesprochen. Allerdings nicht gerade heute, aber schon vor Wochen und Monaten.«
Dußler machte kein sehr geistreiches Gesicht und brummte: »Ha no, Sie machen mich aber neugierig.«
Schwester Senta fuhr fort: »Ihr Wappenspruch ist doch: So isch no au wieder. Wenn man das in normales Deutsch übersetzt, heißt es doch: beide haben recht, Sie Herr Vikar und Sie, Herr Doktor.«
Nun war das Staunen bei den beiden, und Dußler rebellierte: »Wieso, entweder hat der Vikar recht oder ich.«
»Oder keiner von beiden«, ergänzte Schwester Senta. »Ist das nicht nur eine Frage des Standpunktes? Der Mutter ist in der Heilung Gott begegnet, also war es ein Wunder. Dem Doktor, der nur vom naturwissenschaftlichen Standpunkt aus fragt und blickt, ist er nicht begegnet. Also war es für ihn kein Wunder.«
»Sie meinen also, ein Wunder ist es dann, wenn einem in einem Ereignis Gott begegnet?«
Schwester Senta nickte dem fragenden Dußler sehr ernsthaft zu, und dieser wiederholte noch einmal langsam und jedem Wort nachdenkend:
»Ein Wunder ist, wenn einem Gott begegnet. Mit erklärbar oder nicht hat das Wunder also Ihrer Ansicht nach gar nichts zu tun?«
»Ich bin ja nur eine unstudierte Frau, Herr Doktor. Aber wenn ein Wunder von Erklärungen abhängt, dann ...«
»Dann«, unterbrach Dußler unhöflich und fast heftig, »wäre um 1800 ein Wunder, was um 1900 keines mehr wäre. Dann hinge das Wunder von unserem Wissen und Können ab, und schließlich hingen dann Gott und seine Wunder von uns ab!

Und deshalb – meinen Sie – muß Wunder etwas anderes sein, eine Gottbegegnung. Schließlich ist dann jedes Ereignis ein Wunder, wenn ich es als frommer Mensch betrachte, und kein Wunder, wenn ich es von einem anderen Standpunkt aus ansehe. Das meinen Sie doch?«
Schwester Senta nickte eifrig: »Gerade so habe ich es gemeint, nur hätte ich es nicht so auf den Begriff bringen können.«
Der Vikar rutschte unruhig auf seinem Stuhl hin und her. Ihm wurde bei dieser Theologie heiß und kalt. Die beiden zerredeten ihm das Wunder, und er sagte dies auch. Aber das ließ Schwester Senta nicht gelten.
»Herr Vikar, der eine schaut in eine Glockenblume und erlebt Gottes Schöpfungswunder, der andere sieht nur Staubgefäße und Blätter und Kelchblätter, die man zählen und beschreiben kann. Beide haben recht. Es kommt aber keine Wissenschaft zustande ohne den, der die Staubgefäße zählt, und kein Glaube ohne den, der auch im Blütenkelch etwas von Gott schaut.«
Sie redeten dann wohl noch eine gute halbe Stunde hin und her. Aber wie es bei solchen Gesprächen zu gehen pflegt: Wenn das richtige Wort gefallen ist, zerrinnt der Rest. Dies war hier um so mehr der Fall, als Dußler nicht mehr ganz bei der Sache war. Denn daß das »nette Mädle« auch noch gescheit war und auf eine so anmutige Art und Weise gescheit, das brachte ihn ganz durcheinander. Wie hatte der Vikar doch vor zwei Stunden gesagt: ›Man meint, du gehst auf Brautschau.‹
Auch der Vikar war kein guter Gesprächspartner mehr. Er wußte nicht, wie er diese überraschende Lösung mit allem Gelernten unter einen Hut bringen sollte. Sie kam ihm vor wie das Ei des Kolumbus. Wenn man aber dem Rat des Kolumbus folgen wollte, ging ja doch das Ei kaputt. So wurde auch Brändle einsilbig.
Die drei gingen bald auseinander. Auf der Mutterhaustreppe faßte Dußler den Vikar am Arm, daß es schmerzte, und nach-

dem er sichernd wie ein Rehbock am Waldrand zuerst rechts und links geschaut hatte, ob auch niemand um den Weg sei, raunte er dem Freund zu:
»Du, ich war auf Brautschau, ich heirat' die Senta, da beißt kei' Maus kein Faden ab, und du hältst die Trauung, und zur Taufe lad' ich dich heute auch schon ein!«
»Schwätz doch nicht schon wieder so lästerliches Zeug«, wehrte der Vikar ab, »das ist ja eine Sünde!«
»So, eine Sünde meinst du? Darüber ließe sich noch reden. Vielleicht ist das auch nur eine Standpunktfrage. Das Mädle hat mir imponiert, Brändle, und ihre Philosophie auch. Bei mir ist halt auch ein Wunder geschehen. So isch no au wieder. Jetzt geh du nur in dein Amtszimmer, Johannes, treue Seele und Kriegskamerad von Schirmeck, ich muß jetzt auf den Neuberg laufen, damit ich an einem Ort bin, wo ich laut schreien kann, ohne daß mich jemand hört und als verrückt in die Heilanstalt bringt.«

DER JACOBIMARKT

Das Dreiergespräch in der Stube der Schwester Senta hatte mehr Folgen, als irgendeiner der Teilnehmer dachte. Was im Diak geschieht, weiß zum mindesten der liebe Gott und der Pfarrer Hartwig. »Der Letztere wenigstens sicher«, pflegte Dußler seinem eigenen Spruch anzuhängen. Hartwig ließ Schwester Senta kommen und erkundigte sich nach der Kaffeestunde. Aber Schwester Senta hatte ein gutes Gewissen. Sie hatte eine Aussprache mit dem Vikar, der ja auch bei den Diakonissen Unterricht zu geben hatte, und mit dem Doktor für notwendig gehalten. Es war da um die Behandlung der Wunderfrage gegangen. Über diese Dinge mußte der Vikar in der Bibelarbeit sprechen, und gleichzeitig war diese Frage im ärztlichen Kurs angeschnitten worden. Irgendwie mußte eine gemeinsame Linie gefunden werden.
Alles war in bester Ordnung, auch Pfarrer Hartwig konnte

nichts daran aussetzen, aber – er verübelte Dußler den Mittagskaffee trotzdem. Er hatte sowieso manches gegen ihn auf dem Herzen. Viel Scherzworte und Sprüche gingen von und über den Doktor im Haus herum. Pfarrer Hartwig war kein Feind des Fröhlichseins; aber so wie bei Dußler durfte das nicht sein. Das schien dem Pfarrer nicht zu Haube und Diakonie zu passen.

Er fühlte, ohne es genau zu wissen, daß Fröhlichsein oft etwas mit Gernhaben zu tun hat. Wohin aber sollte dann der Kaiserswerther Verband und die ganze Diakonie kommen? »Diakonie ist Lebensberuf«, hatte beim letzten Jahresfest der Vorstand des Kaiserswerther Verbandes im sommerlichen Garten von der improvisierten Kanzel heruntergerufen: »Das ist der rocher de bronce.« Hier in Schwäbisch Hall mußte man so etwas schon besonders ausdrücklich sagen, denn hier hatte einmal ein Mann wie Faulhaber gewirkt, und der hatte gerade nicht auf diesen rocher de bronce gebaut. Die Töchter gebildeter Stände, wie man zu Faulhabers Zeiten sagte, sollten kommen und ein paar Jahre – oder ein Leben lang – dem Herrn Jesus dienen, so lange es ihnen gefiele. Faulhaber war tot, sein Werk zusammengebrochen. An diesem rocher de bronce durfte nicht gerüttelt werden, und jede weltliche Fröhlichkeit rüttelte irgendwie daran. Es war gerade am Abend nach diesem Jahresfest gewesen. Sie hatten nun, da der anstrengende Tag zu Ende ging, noch eine Stunde auf der Veranda hinter dem Mutterhaus zusammengesessen, er, Hartwig, der Prälat, Dr. Härle und der zweite Pfarrer am Haus, Daimelhuber, ein stiller, gütiger Mann und treuer Seelsorger.

Aus einer kritischen Betrachtung der Ansprachen und Redner des Tages entstand langsam ein sehr grundsätzliches Gespräch. Ziemlich unvermittelt hakte Dr. Härle an dem Wort rocher de bronce ein und entwickelte dabei geradezu ketzerische Ansichten.

»Man muß das doch auch einmal historisch sehen, meine Herren. Die Diakonissenhäuser stammen alle aus einer Zeit,

in der es für Frauen, die nicht heiraten wollten, kaum einen Beruf gab. Damals konnte eine Frau eben nur Schwester oder höchstens Lehrerin werden. Heute ist das anders. Einem begabten Mädchen steht jeder Beruf offen, und es kann auch ohne ›große Haube‹ Schwester werden. Woher wollen Sie auf die Dauer Ihre Schwestern bekommen, wenn die Entkirchlichung unseres Volkes so fortschreitet? Sie oder vielmehr Ihre Mutterhäuser werden einfach an Schwesternmangel – an perniciöser Anaemie – zugrunde gehen.«
»Und wie kann man Ihrer Ansicht nach einer solchen Entwicklung begegnen?« frug Pfarrer Daimelhuber zurück.
»Diese Frage, Herr Pfarrer, ist leichter gestellt als beantwortet. Aber ich glaube, Ihr Vorgänger Faulhaber hatte dafür gar kein so schlechtes Rezept, auch wenn sein Buch über das wiederkommende Reich fast ungenießbar ist, und auch wenn er hier in Hall bankrott gemacht hat. Muß denn Diakonie Lebensberuf sein?«
Da griff Hartwig ein: »Sie sind doch viel herumgekommen, Herr Doktor, glauben Sie nicht, daß eine Schwester, die täglich denkt, wie kriege ich einen Mann, eine schlechtere Pflegerin ist als eine, die durch Einsegnung, Haube und Tracht vor solchen Gedanken bewahrt bleibt und nur dem lebt: Wie kriege ich einen gnädigen Gott?«
»Ja und nein, Herr Pfarrer, Sie können mit Haube, Schürze und Einsegnung aus einer Frau noch kein Neutrum machen.«
»Nein, aber mit dem Heiligen Geist«, fuhr der Prälat recht heftig dazwischen.
»Das ist aber ein schweres Geschütz, das Sie in Stellung bringen, Herr Prälat«, entgegnete ihm Härle, »man sollte das nicht ohne Not tun. Auf einen Mann warten oder einen Mann suchen, ist ja schließlich keine Sünde. Wir sind doch alle verheiratet, glaube ich«, fuhr Härle fort, und es zuckte dabei um die Gütigkeitsfältchen an seinen Augenwinkeln. »Jedes Dienstmädchen, jede Lehrerin, jede Ärztin und jede Zugschaffnerin im Krieg mußte und muß ihre Pflicht tun, auch wenn sie, sagen wir es einmal um der Deutlichkeit wil-

len etwas bösartig, nebenher auf Männerjagd ist. Aber nun, meine Herren, sind denn die Männer so viel besser als die Frauen? Man hat doch von jedem von uns erwartet, daß er seine Pflicht tue, auch wenn er gerade verliebt war oder auf Freiersfüßen ging. Man sollte, glaube ich, auch mit dem rocher de bronce etwas vorsichtig umgehen. Warum soll denn alles in der Welt mit der Zeit sein Gesicht ändern, nur nicht die Diakonie? In den letzten Jahren sind nicht wenig Felsen gestürzt, die wir für de bronce gehalten haben, und es sind sogar alle deutschen Throne und Thrönchen umgefallen.«

Nun ging auch der stille Daimelhuber aus seiner Zurückhaltung heraus: »Das stimmt schon. Aber ob jemand Diakonisse wird, ist doch nicht nur eine Berufsfrage. Meinen Sie nicht auch, daß es manchmal eine Frage der Berufung ist, Herr Doktor?«

Härle dachte eine Weile nach: »Sie haben da sicher nicht unrecht, und wo es sich wirklich um eine Berufung handelt, hört eigentlich jede Diskussion auf. Wenn Gott jemanden in seinen Dienst ruft, dann gilt kein Einspruch mehr, der von Menschen kommt. Nur, Herr Pfarrer, wie oft ist das so?«

»Das weiß ich auch nicht«, antwortete ihm Daimelhuber und zog heftig an seiner Zigarre, die ihm im Eifer des Gesprächs zum zweitenmal auszugehen drohte. »Das weiß ich auch nicht«, wiederholte er. »Wahrscheinlich weiß das kein Mensch, weder von sich noch von einem anderen, jemals sicher. Aber soviel ist doch gewiß: Im Pfarrberuf und in der ganzen Diakonie kommt das Beste aus der Berufung. Freilich heißt es dann von uns allen im günstigsten Falle: ›Wir sind unnütze Knechte und haben nichts getan, als was wir zu tun schuldig sind.‹«

Danach hatten alle Vier eine gute Weile vor sich hingeschwiegen. Härle ganz zufrieden und einverstanden, der Prälat voller Widerspruch und Hartwig unsicher und betreten, bis Pfarrer Daimelhuber dann versucht hatte, dem Gespräch eine versöhnliche Wendung zu geben.

»Es ändert sich ja auch manches im Diakonissenhaus, Herr

Doktor, nur eben ein bißchen langsam. Bedenken Sie nur, daß unsere Diakonissen schon seit 5 Jahren fußfreie Röcke tragen und nicht mehr mit Besenlitzen den Staub von den Treppen kehren. Seit diesem Frühjahr sind sogar graue Strümpfe erlaubt, und diese hellen Strümpfe sind bis in das Vorzimmer meines Amtsbruders Hartwig vorgedrungen. Die erste im Hause, die hellgraue trug, war Schwester Senta.«
Da war der Streit in einem fröhlichen Lachen untergegangen, und Härle beschloß die Aussprache:
»Also halte ich eben mit Stresemann. Ich sehe am Horizont einen Silberstreifen in Form von grauen Strümpfen. Hoffentlich täuschen wir uns beide nicht zu sehr, weder der Stresemann noch ich.« –
Hartwig dachte wieder einmal diesem Gespräch und seinen Problemen nach. Es war nicht so, daß er sie nicht gesehen hätte. Vielleicht tat wirklich eine Reform der Inneren Mission not. Aber wo anfangen, ohne daß man befürchten mußte, es könnte alles zusammenstürzen? Er war viel zu gescheit, um den stützenden und erhaltenden Wert einer Tradition zu verkennen. Er war seiner ganzen Art nach kein Reformator, er war auch heute noch überzeugter Monarchist. Er wollte sein Mutterhaus groß und leistungsfähig machen; es sollte noch viel mehr als bisher das Zentrum und der Schwerpunkt aller christlichen Liebestätigkeit in Nordwürttemberg sein. Wenn man das wollte, dann durfte man an der Tradition, dann durfte man am rocher de bronce nicht rütteln. Dieser rocher de bronce war einfach der Eckstein, und danach hatten sich in einem solchen Hause alle Mitarbeiter zu richten, ob es nun ein Gutsverwalter war oder ein Doktor. Schon der Härle dachte ihm zu frei in Fragen der Diakonie. Aber Leute wie der Dußler mußten bei nächster Gelegenheit gehen. »Den Nachfolger will ich mir aber noch genauer ansehen«, nahm sich Pfarrer Hartwig vor. »Ich werde keinen mehr nehmen, nur weil mir sein Vater Schafläuse verordnet hat.«
Langsam zog sich ein Unwetter über Dußlers Haupt zusammen. Doch dieser merkte nichts davon, er war fröhlich und

guter Dinge und pfiff das Brombeerenlied, wenn er im »Kurs« wieder einmal Schwester Senta »zum Strahlen« gebracht hatte, wie er sich ausdrückte.

Er war sich jetzt über sich selber ganz klar geworden und wußte, daß er Schwester Senta heiraten würde trotz Haube, trotz Pfarrer Hartwig und trotz allen Einwänden, die irgend jemand machen könnte. Täglich sann er nach, wie er Schwester Senta ein bißchen näher kommen könnte. Wie gerufen erschien im Kalender der Jakobimarkt. Natürlich konnte er Schwester Senta nicht zum Karussellfahren einladen und auch nicht zu ein paar roten Bratwürsten. Das wußte er. Aber er wollte ihr wenigstens nach alter Sitte einen »Marktkromet« mitbringen.

Heiliger Sankt Jakobus, drei dicke Kerzen sollst du dafür haben, daß es in Hall noch einen Jakobimarkt gibt. Obwohl die alte ehemalige Reichsstadt seit Johannes Brenz sehr protestantisch ist, ehrt sie den Heiligen Jakobus noch immer mit dem Jakobimarkt.

Beim Mittagessen am Jakobustag begrüßte Dußler seinen Freund Brändle mit der Frage:

»Weißt du, daß heute mein Namenstag ist? Ich lade dich hiermit feierlich dazu ein, daß wir uns unter diesem Zeichen einen vergnügten Mittag und Abend machen. Ich weiß, daß Pfarrer Daimelhuber heut' die Abendandacht hält, und daß du somit frei bist. Wenn das kein Wink des Schicksals ist, Brändle, dann gibt es keinen mehr. Zuletzt gehen wir dann zum Wirtsbeck und schlotzen einen Heuholzer von 21. Sie haben frisch angestochen. Ich kann dir sagen, das ist ein edler Tropfen. Im Sommer 21 ist doch nicht umsonst das ganze Heu verbrannt.«

Brändle, der unter anderen Umständen sicher abgelehnt hätte, sagte heute bedingungslos zu, denn er war verliebt, wie Dußler schon lange richtig erraten hatte. Sein Verliebtsein galt der Lernschwester Bärbel Knapp, deren Mutter aus der betenden, deren Vater aber aus der saufenden Linie der Knapp stammte. Dieser war übrigens trotzdem ein recht nüchterner Mann und ein angesehener und guter Dekan in Blaubeuren auf der andern Seite der Alb, wo das Wasser der Donau zuläuft und dem Schwarzen Meer.

Wenn Brändle auch Dußlers Entschluß, Schwester Senta zu heiraten, noch immer fast für eine sehr ernste Sünde hielt, so waren sich die beiden alten Kameraden in ihrer Verliebtheit trotz allem Verschiedensein mehr verbunden als sonst.

In Hall ist der Jakobimarkt ebenso wie das Kinderfest ein Feiertag für jedermann, für groß und klein, alt und jung. Selbst alte Kracher so um Sechzig herum – auch wenn sie schon graue Haare haben und um ihrer paar letzten Zähne willen auf die besten Stücke einer Laugenbrezel verzichten müssen – probieren es da nach dem vierten Viertele noch einmal mit der Schiffschaukel oder wenigstens mit einem Karussell. Der Jakobimarkt ist aber auch ein richtiger Markt mit allem Drum und Dran. Dann ist der Unterwöhrd zwischen den beiden Kocherarmen ebenso Marktplatz wie der alte Haalplatz am alten Haalbrunnen. Stände und Buden drängen sich in engen Gassen aneinander. Hier gibt es alles zu kaufen, nicht nur was das Herz begehrt und den Gaumen erfreut, sondern auch alles, was in Küche und Haus fehlt und was man im Stall und auf dem Feld braucht.

An langen Stangen baumeln farbig geschmückte Hausschuhe neben derben Bauernstiefeln und vornehmen Straßenschuhen. Im Stand daneben leuchten Kopftücher fast beleidigend hell neben schwarzen wollenen Kleidern. Weiße Schürzen hängen neben roten und grünen Röcken, Leibwäsche liegt neben Strümpfen und Socken. Frauen und Mädchen bleiben vor den Auslagen stehen und überlegen, was sie möchten und was sie nötig haben. Vor der Bude daneben aber stauen sich die Bauern. Hier werden Peitschen und Leitseile, Riemen und Stricke, Sensen und Rechen angeboten, aber auch Tabaksbeutel und Taschenmesser, Feuerzeug und Uhrenkette. Nur drei Schritte weiter hat der »Papierfrieder« von Nördlingen sein großes Schild ausgehängt. Er hält, was er verspricht: »Was du das Jahr brauchst an Papier, das kriegst

du bei dem Frieder hier.« Da warten Kalender und Notizbücher, da häuft sich Pack- und Seidenpapier, da liegen Briefumschläge in allen Größen und Farben und ebenso Briefbogen. Einträchtig wie sonst nie im Leben steht das evangelische Gesangbuch mit Goldschnitt neben dem rotgeschnittenen katholischen und neben dem »Schott«. Die Marlitt hält mit Ganghofer gute Nachbarschaft und wundert sich kaum, daß auch Goethe und Schiller nicht fehlen. Heiligenbilder blicken schrecklich brav und süß aus billigen Goldrahmen. Ein grellfarbener Schutzengel geht hinter zwei Kindern über einen gebrechlichen Steg. Ein Raffaelengel stützt auf einem Öldruck seinen pausbäckigen Lockenkopf melancholisch mit beiden Händen. Hier wird alles feilgeboten, hier gibt es alles zu kaufen! Und der kleine Mann mit dem großen Hut, der bewegliche Tiere aus Blech anbietet, schreit immer wieder krächzend den Wahlspruch des Marktes: »Alles zippelt, alles zappelt, alles kribbelt, alles krabbelt, was nicht lauft, wird nicht verkauft!« Türkischer Honig und Eis, Magenbrot und Johannisbrot lassen den Kindern das Wasser im Mund zusammenlaufen und sind schuld, wenn kleine Kinderhände in dunklen Hosentaschen immer wieder Zehner und Fünfer zählen, ob es reicht. Es riecht nach Krachmandeln und Waffeln, es duftet nach roten Würsten und gerösteten Kastanien. Farbige Luftballone zerren ungeduldig an ihren Bindfäden. Pfeifen und Papierschlangen, Pfauenfedern und Strohhüte, Papierrosen und goldenblinkende Anhänger locken zwischen Schießbuden und Drehorgeln. Alles aber taucht unter in Lärm und Musik, in Bier und Wein, in Fröhlichkeit und Besäufnis. In dem dichten Gedränge schlug Jakob vor:
»Wir schießen uns so eine Riesenblume für das Knopfloch heraus. Ich kann dir sagen, Brändle, eine rote Papierblume macht sich ganz großartig auf deinem schwarzen Rock.«
Das konnte Brändle ja nun gerade nicht finden, aber zur Schießbude ging er mit, und er machte seinem alten Regiment alle Ehre. Er schoß drei Zwölfer und erhielt einen großen Teddybären als Preis.

»So, jetzt kommt 's Karussell, ich bin für die Pferde«, rief Dußler, und schon ging die Fahrt los. Die Musik quietschte in den Trubel und Lärm hinein das Lied vom treuen Husaren. Plötzlich bemerkte Dußler vor sich in einer Chaise die Pistoria mit einem Kavalier. »Bin ich froh, daß sie einen hat«, flüsterte Dußler dem Vikar ins Ohr. »Aber wir hauen beim ersten Halt ab, damit sie uns nicht sieht.«
Sie quetschten sich miteinander zum Kasperltheater hin und freuten sich noch mehr über die Gesichter der Kinder als über die alten Späße. Daneben hatte »Der wahre Jakob« einen Stand, umgeben von einer vergnügten johlenden Schar, die gerne schrie und selten kaufte. Er bot gerade Hosenträger und Taschenmesser und machte die gleichen Sprüche, die Dußler schon vor zwanzig Jahren in Urach und Metzingen und Brändle in Ulm und Blaubeuren gehört hatte:
»Eine Mark für den Hosenträger, eine für das Messer. Der Hosenträger ist so fest, daß ihn kein Messer der Welt zerschneiden kann. Aber dieses Messer ist so scharf, daß es sogar diesen Hosenträger zerschneidet. Zwei Mark, wer nimmt's? Eine Mark fünfzig. Braucht niemand einen Hosenträger und ein Messer? Ich leg' noch diesen Wetzstein dazu. Eine Mark fünfzig? Nun, ich habe heute Geburtstag, wer nimmt alle drei Dinge um eine Mark? Bitte, Herr Nachbar!«
Die beiden gingen weiter, und Dußler machte sich das Vergnügen, Kinder mit sehnsüchtigen Karussellaugen ausfindig zu machen, die kein Geld zum Fahren hatten. Denen drückte er dann einen Zehner in die kleinen Hände und sagte nur: »Da, fahr'!« Er hatte selbst als kleiner Knirps fast stets nur zugeschaut. Nie hatte ihm der Vater mehr als fünf ganze Pfennige auf den Markt mitgegeben. Der Vater war nicht dafür gewesen, daß man diesen Reichtum mit so »keinnützigem« Zeug los würde wie mit Karussellfahren. Die Sehnsucht nach der Fahrt in einer farbigen Kutsche oder auf einem wilden Schimmel war Dußler noch viele Jahre im Herzen geblieben.
Dem einen Kocherarm zu schließt der Unterwöhrd mit ei-

nem etwas düsteren und niederen Bau ab, der sich unter lauter hohen, schattigen Kastanien und breitblättrigen Ahornbäumen versteckt. Er hört auf den fast zu vornehmen Namen Solbadhotel. Davor, unter dem Blätterdach, warten die üblichen runden Tische auf hungrige und durstige Besucher. Wird Kinderfest gefeiert oder Jakobimarkt gehalten, dann brauchen sie freilich nicht lange auf Gäste zu warten. An diesen Tagen muß man froh sein, wenn es einem gelingt, einen Unterschlupf zu finden. Dußler entdeckte einen Tisch, der eben frei wurde und zerrte Brändle dorthin. Bei einem Bier und auf dem Rost gebratenen roten Würsten ruhten sie aus und sahen dem lauten und bunten Markttreiben zu. Auf einmal gab Dußler dem Freunde einen Rippenstoß.
»Mensch, da guck her, Schwester Bärbel und Schwester Elfriede in Zivil!«
Johannes wurde abwechselnd rot und blaß. Aber ehe er begriff, was Dußler vorhatte, holte dieser die beiden Mädchen an den Tisch und bestellte Kaffee und Kuchen. Er unterhielt sich dann so angelegentlich nur mit Schwester Elfriede, daß dem Vikar gar nichts übrig blieb, als sich um Schwester Bärbel zu kümmern.
»Wir gehen schiffschaukeln«, rief Jakob nach einer Weile, »kommt ihr mit?«
Aber Johannes hatte keine Lust dazu. Er fürchtete, es würde ihm dabei übel, und blieb bei Schwester Bärbel am Tisch sitzen. So hatte es Dußler gewollt. Er schleifte Schwester Elfriede von Karussell zu Karussell, von der Schießbude zum Riesenkrokodil und vom Wahren Jakob zum Kasperltheater. Überall tauchten sie auf, wo es etwas zu sehen und zu lachen gab. Als sie nach zwei Stunden wieder am gemeinsamen Tisch landeten, war dieser leer.
Der Herr Vikar hatte sich auf dem Rummelplatz nicht übermäßig wohl gefühlt. Das war ein Vergnügen, das er sich als Kind heiß und vergeblich ersehnt hatte. Aber der Vater hatte ihm alle diese Dinge als Sünde und als »nur von dieser Welt« madig gemacht. Dieses Gefühl wurde er auch heute noch

nicht los. Er »genierte« sich sogar wegen seines großen Teddybären mit dem Knopf im Ohr und stellte diese Beute möglichst unsichtbar unter seinen Stuhl. »Wie den Zylinder beim Antrittsbesuch«, hatte Dußler gespottet, aber schließlich war er, Brändle, eben doch Vikar am Diak. Die Leute kannten ihn von der Kanzel. Es war ihm nicht ganz behaglich, daß man ihn in diesem weltlichen Treiben sah. Kaum war Dußler mit Schwester Elfriede zur Schiffschaukel abgezogen, wo die Musik einladend und schreiend »Machen wir's den Schwalben nach« spielte, schlug Brändle der Schwester Bärbel einen Gang durch die Ackeranlagen vor, die sich vom Festplatz dem Kocher entlang ziehen, und in denen es heute still und leer war. Was die beiden da miteinander gesprochen haben, weiß niemand, aber als sie nach zwei Stunden zurückkamen, waren sie, wenn auch ohne Ring und Kuß, so gut wie verlobt. Der Teddybär saß einsam und trübsinnig unter dem Stuhl am verlassenen Tisch, und der Vikar wollte ihn eigentlich dort seinem Schicksal überlassen. Als aber Schwester Bärbel hörte, wem das Tier gehörte und wer es herausgeschossen hatte, da bat sie sich den wuscheligen Bären aus. Sie nahm ihn in den Arm, weil sie ja den Brändle hier auf dem Unterwöhrd doch nicht in den Arm nehmen konnte, und Brändle errötete wieder einmal wie ein Schulbub, weil er sich bei dem Gedanken ertappte, wie gern er doch an des Bären Stelle gewesen wäre.

Die beiden gingen durch die halbdunkle Gelbinger Gasse heim. Natürlich nicht Arm in Arm, natürlich nicht Hand in Hand. Noch durfte niemand wissen, was für eine Bewandtnis es mit dem Teddybären hatte. Der Vikar war schon selig und zufrieden, wenn er auf dem zu schmalen Bürgersteig einmal mit dem Ellbogen an Schwester Bärbels Arm stieß. Um zehn Uhr wurde die Pforte des Mutterhauses geschlossen, bis dahin mußte Schwester Bärbel zu Hause sein. Ehe es zur Stadt hinausgeht, am Gelbinger Tor, trafen sie auch auf Dußler und Schwester Elfriede, und so rückten sie selbander vor der Mutterhaustüre vor. Die war noch unverschlossen, und

beide Schwestern schlüpften rasch hinein. Aber nicht nur die Pforteschwester, deren Beruf es schließlich war, hatte die vier gesehen. Auch Pfarrer Hartwig blickte eben aus seinem Erkerfenster herab und sah Dußler und Brändle nach, als sie wieder abzogen.
Die Lust auf ein Viertele Heuholzer beim Wirtsbeck war Brändle vergangen. So mußte auch Dußler darauf verzichten. Er hätte zwar gar zu gern gewußt, ob sein Störungskommando von Wert gewesen war. Aber Brändle deutete weder ja noch nein an. Er war von dem Mittag her und von dem, was er erlebt hatte, völlig durcheinander und drängte nur heim, um zur Ruhe zu kommen und sich über alles Rechenschaft zu geben. Es blieb Dußler nichts anderes übrig, als in seinen Turm hinaufzusteigen. Bei Licht betrachtete er noch einmal seinen Jahrmarktskromet für Schwester Senta. Es war ihm recht schwer gefallen, etwas zu finden, das ihn befriedigte. Es sollte ja etwas Rechtes sein, aber etwas, das doch federleicht wog, wenn es bei Schwester Senta nichts zum Klingeln brachte. Andererseits sollte es doch auch schwer wiegen, wenn bei der Empfängerin eine Saite mitschwang. Dußler sang vor sich hin:

Was bringst vom Jahrmarkt mit?
Von Gold ein Ringelein,
das soll dein eigen sein.

Ja, wenn er es so hätte machen können. In einem Laden, nicht auf dem Markt, sah er eine Puppe ausgestellt, einen richtigen Albschäfer mit Blauhemd, schwarzem Hut und Wurfschaufel. Aber wenn die Schwester Senta dann gesagt hätte: »Was soll ich mit einer Puppe anfangen, Herr Doktor?« Dem wollte er sich nicht aussetzen.
Zuletzt fügte es ein freundlicher Zufall, daß er in einer Buchhandlung, die auch Bilder führte, einen guten Holzschnitt von den Masurischen Seen fand. Der schien ihm kein schlechtes Gegenstück zu dem Bild zu sein, das er bei Schwe-

ster Senta gesehen hatte. Dußler war zwar noch nie dort gewesen, auch im Krieg nicht. Aber er hatte das Gefühl, als wäre in dem kleinen Bild wirklich das Gesicht der Landschaft eingefangen. Er nahm das Blatt mit, obwohl es nicht billig war; aber es war ein Blatt, dem nicht jeder seinen Wert ansah. Das war Dußler eben recht.
Am andern Morgen richtete es Dußler so ein, daß er Schwester Senta auf dem Weg zum Kurs in die Hände lief. Er schob ihr die kleine Rolle mit dem Holzschnitt in die Schulmappe:
»Ein Marktkromet, Sie wissen doch, was das ist?«
Schwester Senta wurde rot und bedankte sich: »Aber was denken Sie denn, Herr Doktor?«
»Daß Sie noch nicht oft ein Marktkromet gekriegt haben, und daß Sie also im Leben zu kurz gekommen sind!«
Nicht lange vor dem Examen, als sie gerade bei der Vorbereitung der Prüfungsfragen waren, machte der Doktor Schwester Senta den Vorschlag, man müsse doch auch eine kleine Examensfeier veranstalten. Nirgends auf der Welt, so behauptete er, gebe es ein richtiges Examen ohne Nachfeier, außer im Diak. Und das Schönste wäre natürlich ein Ausflug. Die Schulschwester war sehr einverstanden; aber sie hatte große Bedenken, ob die Leitung des Hauses zu einem solchen Vorhaben Ja sagen würde. Immerhin, Schwester Senta wollte die Sache einmal dem Pfarrer vortragen. Zu ihrem großen Erstaunen sagte Pfarrer Hartwig nicht nur ja, sondern er versprach, selbst mitzukommen. Das Haus werde zwei Leiterwagen mit Pferden stellen, und die Küche solle für belegte Brote und Kaffee sorgen. Den Reiseplan aber dürfe der Kurs selbst bestimmen.
Schwester Senta brachte das alles in der nächsten Kursstunde vor. Es gab ein Hallo und eine Freude, die Pfarrer Hartwig nur mit sauersüßer Miene hätte ansehen können. Alle möglichen Vorschläge schwirrten durcheinander. Zuletzt einigten sie sich auf Schloß Langenburg. Damit war alles außer Dußler einverstanden, der ein Wiedersehen mit Bächlingen

und Morstein nicht gerade schätzte. Mitkommen würden als Lehrkräfte Dußler, der Vikar, Schwester Senta und der Chirurg Dr. Seibott; dazu aber Pfarrer Hartwig und die Oberin. Man setzte den Tag nach der Prüfung als Ausflugstag fest. Das alles war eigentlich eine ganz unerhörte Neuerung. Ein paar alte Schwestern schüttelten bedenklich Haupt und Haube ob dieser Verweltlichung. Daß Pfarrer Hartwig einverstanden gewesen, war ohne Zweifel noch eine Folge jener Unterredung mit Dr. Härle nach dem letzten Jahresfest. Warum sollte zur Verkürzung der Röcke, zum Farbwechsel der Strümpfe nicht auch ein Ausflug kommen?
Aber plötzlich drohte alles ins Wasser zu fallen. Pfarrer Hartwig, die Oberin und Dr. Seibott, der Mitglied des Verwaltungsausschusses der Anstalt war, sollten gerade an diesem Tage nach Stuttgart zu einer Besprechung der schwäbischen Mutterhäuser fahren. Hartwig schwankte, ob er den ganzen Ausflug abblasen sollte oder nicht. Es war nur schwer möglich, den Plan rückgängig zu machen, und so blieb es zuguterletzt dabei: Der Ausflug sollte stattfinden und der Vikar, Schwester Senta und Dußler ihn gemeinsam leiten.

HASCH-HASCH

Wie üblich war das Examen mit viel unnötiger Angst gut vorbeigegangen. Der »Herr vom Ministerium« sprach seine väterlichen »goldenen Worte« wie jedes Jahr. Der Pfarrer, die Oberin und Seibott wußten diese Rede schon auswendig, aber den Schwestern war sie noch neu und machte deshalb mit ihrem Lob und ihrer Mahnung sogar einen gewissen Eindruck.
Nach guter alter Überlieferung schloß die Prüfung mit einem feierlichen gemeinsamen Mittagessen im Raum hinter der Kapelle ab. Kalbsbraten, Spätzle und Salat und eine Weincreme, die die Spezialität der Küche war, glätteten die Aufregung der Geprüften und der Prüfenden und schufen in den

Herzen der Schwestern langsam Platz für die Freude auf den nächsten Tag.
Es war ein Herbstmorgen, wie ihn der liebe Gott nur an seinen allerbesten Tagen aus der Wetterschublade herausholt. Frühnebel hingen noch im Tal, aber schon gegen acht Uhr riß der Nebel auf und ließ den »blauen Himmel unverstellt« hervorleuchten. Dußler begrüßte Schwester Senta strahlend vor der Mutterhauspforte mit den Mörikeversen:

»Bald siehst du, wenn der Schleier fällt,
den blauen Himmel unverstellt,
herbstkräftig die gedämpfte Welt
in warmem Golde fließen.«

Er freute sich diebisch darüber, daß er auf diese Art und Weise, sozusagen coram publico, zu Schwester Senta du sagen konnte. Die großen und kleinen Hauben standen alle gleich fröhlich, schwätzend und lachend wie eine Mädchenklasse vor dem ersten Schulausflug durcheinander.
»Hat auch jede ein warmes Jäckchen? Heute morgen ist es kühl und am Abend wird's kühl«, frägt Schwester Senta, die sich natürlich für alle verantwortlich fühlt. »Wer keines hat, muß es sich noch holen.«
Und schon stürmten zwei oder drei recht unfeierlich mit fliegenden Röcken davon.
»Herr Vikar, wie ist's mit dem Mantel?«
»Wo sind die Koffer mit den Broten und die Flaschen mit dem Kaffee?«
Die Küchenschwester hat es sich nicht nehmen lassen, sie ist selbst mit ihren Mädchen heraufgekommen. Sie will die lustige Fuhre mit eigenen Augen sehen. Nun ist sie schon über dreißig Jahre Diakonisse, aber so etwas ist ihr noch nicht vorgekommen. Auch die Backschwester brachte ihre Kuchen selbst, und Dußler, der in einer richtigen Lausbubenstimmung war, frug sie, ob sie auch schon wisse, welch schöne Inschrift über dem Eingang zur Bäckerei angebracht werde.

Er mußte seinen Rothenburger Spruch wieder einmal zur Freude all derer, die herumstanden, loswerden. Sogar der Vikar, der in Knickerbockerhosen und hellem Rock – freilich mit schwarzer Krawatte – gekommen war, lachte mit.
Als die zwei Leiterwagen vorfuhren, befahl Dußler laut: »Achtung, die Kompanie hört auf mein Kommando, du Brändle, nimmst den ersten Wagen, den der Johann kutschiert. Auf jede Bank drei Leute. Bei den Kurven und wenn es bergab geht, muß alles unterfassen. Schwester Bärbel hat das beste Examen gemacht, die kommt auf die erste Bank neben den Herrn Vikar. Schwester Karoline hat am meisten Angst gehabt, die sitzt links auf der ersten Bank. Johann, vergessen Sie mir an der Nesselbacher Steige die Bremse nicht!«
Johann strahlte über sein ganzes frischrasiertes Gesicht. Er fühlte sich wie anno 1914, als er Fahrer beim Feldartillerieregiment 29 war, und antwortete sehr militärisch: »Jawohl, Herr Doktor.« Dann rief er den Schwestern zu: »Kanoniere aufgesessen!« In seinem linken Rockkragen steckten drei kleine weiße Nelken, als fahre er eine Hochzeit.
Den zweiten Wagen kutschierte Fritz, auch er hatte seine beiden Braunen besonders herausgeputzt und kam im Sonntagsstaat. Auf den Leiterwagen waren die Bretter quer zur Fahrtrichtung gelegt und festgezurrt. Drei Schwestern konnten gerade auf einem Brett sitzen. »Wer nicht gut gepolstert ist, muß ein Kissen mitnehmen«, rief Fritz seinem Wagen zu, und alles lachte, als hätte er den besten Witz gemacht. Nachdem das Essen verstaut und alles eingestiegen war, drängte sich zuletzt auch Dußler auf das vorderste Brett hinter Fritz zwischen Schwester Senta und Schwester Anna, eine kleine schüchterne Diakonisse.
»Also, Johann, mit Fahrzeugen rechts brecht ab! Maarsch!« Den beiden alten Weltkriegsfahrern auf den Kutschböcken machte es Spaß, wie auf dem Exerzierplatz anzufahren. Beide Wagen stimmten an: »Geh' aus mein Herz, und suche

Freud'.« Da die Fuhrleute einen guten und sicheren Baß brummten und ebenso Dußler und Brändle, so hatte jeder Wagen eine zweite Stimme.
Aus allen Fenstern winkte und grüßte es. Pfarrer Hartwig stand am Fenster. Er winkte auch und überlegte: War das nun richtig? Es war gegen jede Tradition. Kann man so am Ende eine Tradition schaffen?
Solch' ernste Gedanken quälten die Reisenden auf den Wagen nicht. Sie sangen fröhlich und unbeschwert in den hellen Morgen hinein.
Wenn man vom Diak auf die Hauptstraße kommt, gibt es eine sehr scharfe Kehre nach rechts. »Festhalten!« schrie Johann wie ein alter Sergeant und zog die Bremse an. »Festhalten!« wiederholte Dußler auf dem zweiten Wagen und hakte mit Vergnügen bei Schwester Senta unter. Auf der Hauptstraße ließ Johann traben. Da ging das Singen weniger gut, denn noch waren sie das Schütteln der ungefederten Wagen nicht gewohnt. Aber als es im Schritt durch Gelbingen ging, sangen beide Wagen den letzten Vers des Chorals. Die Schwestern in ihren weißen Schürzen und Hauben strahlten, und die Gelbinger grüßten verwundert und fröhlich zu den Wagen hinauf. Die Stimmung wurde immer vergnügter und ausgelassener. Vom Choral war die Schwesternschar bald zu den Volksliedern übergegangen. Zuerst kam freilich das unvermeidliche »Im schönsten Wiesengrunde«. Denn wenn man im Schwäbischen fröhlich ist, wird man leicht ein bißchen sentimental. Dußler hatte vorgeschlagen: »Hab' mein' Wagen vollgeladen, voll mit alten Weibern.«
Das aber lehnten alle außer Fritz ab. »Jetzt gang i ans Brünnele« war trotz dem »herztausigen Schatz« das nächste. Dann wurde angestimmt »Wenn alle Brünnlein fließen«. Die Lernschwestern kannten natürlich alle Verse; aber auch die großen Hauben erinnerten sich an die Lieder, die sie als junge Mädchen gesungen hatten, und es störte niemanden, wenn es hieß: »Wenn i mei'm Schatz net rufa darf, tu ich ihm winken.«

Die Untermünkheimer machten große Augen und winkten tatsächlich. Im Trab ging es um die Kirche herum und nun auf der Kochertalstraße bis Braunsbach. Alle Windungen des Flusses macht sie getreulich mit.
»Sie laufen nebeneinander her, als wenn sie verheiratet wären.«
»Wer?« frug Schwester Anna zur Linken.
»Der Fluß und die Straße«, lachte Dußler. »Und bei jeder Brücke geben sie sich einen langen Kuß.«
Die Straße ist von Apfelbäumen eingesäumt. Es war ein gesegnetes Apfeljahr 1926, und so hingen die schweren Zweige weit in die Straße herein und streiften Hauben und Köpfe. Immer wieder schrie Johann: »Achtung, Köpfe!« und der Fritz echote: »Achtung, Hauben!« Dann beugte sich alles tief unter Lachen und Scherzworten, damit kein Zweig eine Haube mitnähme. Schon wieder tönte Dußlers Stimme, als Schwester Annas Haube um ein kleines hängengeblieben wäre: »Wissen Sie, Schwester Senta, wie die alte Oberin in Kaiserswerth gesagt haben soll? Lieber ohne Hemd als ohne Haube!«
»Achtung, Baum!« schrie Fritz und enthob damit Schwester Senta einer Antwort. Aber er hatte zu spät gerufen, weil er seine Aufmerksamkeit zur Hälfte bei des Doktors Scherzen hatte. Noch ehe die Warnung heraus war, schlugen die Zweige in die Wagen. Ein paar Äpfel blieben hängen, einer in Schwester Sentas Händen.
»Herr Doktor, darf ich Ihnen einen Apfel anbieten, dann können Sie sich ein wenig den Mund stopfen. Der Apfel ist zwar gestohlen, aber nur halb.«
Dußler nahm den Apfel mit Dank und Lachen, biß hinein und sagte: »Der schmeckt besser als ein Jakobiapfel zur Unzeit. Äpfel sollte man immer erst dann essen, wenn die rechte Zeit da ist, und aus der richtigen Hand.« Schwester Senta begriff nicht, aber ihre Frage ging unter in einem »Achtung, Hauben« und einem tiefen Kopfnicken. So war auch Dußler einer Erklärung enthoben.

Im Schritt rumpelten die beiden Leiterwagen an der großen Linde vorbei über die beiden Geislinger Brücken, die sich mit steinernen Bögen über zwei Kocherarme schwingen. Auch Brändle strahlte ganz »unvikarig«. Er hakte bei Schwester Bärbel und Schwester Karoline fest ein, bückte sich mit beiden vor den schlagenden Zweigen und zeigte alles, was ihm schön und wichtig vorkam. Die Bauern waren am Pflügen. Mehr als einer hielt mitten in der Furche an, um nach den beiden Wagen Ausschau zu halten, die da singend vorbeifuhren. Der Rauch von ein paar Kartoffelfeuern zog sich über das Tal und gab den richtigen Herbstduft.
Dußler quoll über von Späßen und Bosheiten, so daß der Wagen aus dem Lachen nicht herauskam.
»Schwester Senta, schauen Sie bloß einmal dort hinüber!«
»Was meinen Sie denn? Die Gänse?«
»Ja freilich, sehen Sie nur einmal ganz genau hin, zehn Gänse, und keine hat eine Haube auf!«
Ehe Schwester Senta antworten konnte, schrie Dußler: »Achtung, Baum!« Alle außer ihm bückten sich tief, bis sie merkten, daß er sie für Narren gehalten hatte. Er hatte mit seinem Ruf Schwester Senta die Antwort auf die Gänse ohne Haube unmöglich gemacht.
Hinter Braunsbach stieg die Schar ab, um die Pferde zu schonen, denn nun steigt die Straße bald eine Stunde lang bergan. Die Schwestern drängten sich um Schwester Senta und Dußler, und auch die Fuhrleute versuchten in Hörweite von dem Doktor und seinen Späßen zu bleiben. Er war unermüdlich im Zeigen und Erklären. Er wußte, daß an der zweiten Kehre, dort wo man den Blick auf das Braunsbacher Schloß hat, Haselnußsträucher stehen, deren Nüsse jetzt braun und reif sein mußten. Er kannte alle Apfelsorten wie ein Baumwart und gab auf Fragen jeder Blume einen Namen, auch wenn er keine Ahnung hatte, wie sie eigentlich hieß. Jagstwärts flogen zwei Fischreiher, die wohl von den Morsteiner Horsten stammten.
»Seid ihr auch noch da?« rief Dußler, und nun kam die Rede

auf Vögel und Zugvögel. Plötzlich unterbrach sich Dußler und blieb stehen:
»Vikare«, rief er dem Brändle zu, der etwas hinten mit Schwester Bärbel ging. »Vikare, weißt du, was Haubensamensuppenesser sind? Ich glaub', in Berghülen gibt es auch welche.«
Brändle wiederholte das nie gehörte Wort, sann eine Weile nach und antwortete im Herankommen:
»Kenn' ich nicht, hab' ich noch nie gehört. Ist das eine Finkenart? So etwas wie ein Kirschkernbeißer?«
»Nein«, triumphierte Dußler, »fehlgeraten. Aber wer es weiß, kriegt nachträglich noch eine Eins im Examen.«
Schwester Senta ahnte, daß wieder irgendeine Bosheit im Anzug war; aber Dußler machte ein ganz vernünftiges und ernstes Gesicht:
»Also, dann will ich es euch erzählen. Offenbar kennt ihr die Vögel nicht. Jedes Frühjahr, so nach der Konfirmation, kommen doch von allen möglichen Orten Konfirmanden auf ihrem Ausflug nach Schwäbisch Hall, um neben der Comburg und der Michaelskirche auch das Diak anzusehen. Dort kriegen sie dann als Wegzehrung eine Suppe. Das habt ihr doch schon gesehen? Und in diese Suppe streut Schwester Mina von der Küche und manchmal auch der Herr Pfarrer selbst Haubensamen in der Hoffnung, daß sie im Herzen der Konfirmanden nach fünf oder zehn Jahren aufgehen möchten. Jetzt wißt ihr doch, was Haubensamensuppenesser sind. Natürlich gehören sie zu den Zugvögeln, weil sie nur im Frühjahr kommen.«
Es gab ein großes Hallo, Dußler fuhr ganz ernsthaft fort: »Im übrigen ist es wie im Gleichnis im Neuen Testament beim Sämann: Etliches fällt auf den Weg, etliches unter die Dornen, etliches auf steinigen Boden, etliches aber auch auf gutes Land. Das trägt dann nur einfältig.« Alle lachten vergnügt, obwohl sie die boshafte Zweideutigkeit des letzten Satzes verstanden. Auch Schwester Senta lachte herzlich mit; aber dann zog sie die Stirne kraus und schwieg.

Unter solchen Gesprächen waren Wagen und Schwestern nach Orlach gekommen, wo die Steige in die Ebene mündet. Nun drehte sich das Gespräch um das Mädchen von Orlach, eine Geistergeschichte, die man im ganzen Hohenloher Land kennt. Das Gruseln, das zur Teufelshand gehört, die ein angefaßtes Tuch versengt, kam freilich an diesem strahlend hellen Herbstmorgen nicht auf. Ein Orlacher Bauer wollte eben mit einem Wagen voll Äpfel auf den Markt fahren, als er die Schwestern sah. Er hielt an und lud alle ein, sich ein paar Äpfel mitzunehmen. Es waren ja Haller Schwestern, und der Bauer fühlte wie die meisten im Hohenlohischen eine enge persönliche Verbundenheit mit dieser Anstalt. Das war ja »ihr« Mutterhaus, da arbeiteten ihre Schwestern oder Basen als Diakonissen. Dorthin fuhr man zum Jahresfest, das für die ganze Umgegend wie eine Art frommes Volksfest war. Dorthin schickte man im Herbst, wenn Herbstsammlung war und der Pfarrer am Erntedankfest daran erinnert hatte, Kartoffeln und Obst. Dorthin konnte man gehen, wenn man krank war, um wieder gesund zu werden. Von dort stammten die Gemeindeschwestern, an denen schon jedes Haus und jede Familie einmal froh gewesen war. Das Haller Mutterhaus war für das Hohenloher Land eine Brunnenstube, wie Pfarrer Daimelhuber einmal gesagt hatte.
Hinter Orlach befahl Johann: »Kanoniere aufgesessen!« und wieder sah Dußler diese herrliche weite Ebene, in die Kocher und Jagst ihre Täler tief einschneiden. Aber jetzt waren die Felder nicht mehr goldgelb oder kupferfarben wie im Sommer. Aus frischen Furchen leuchtete die satte braune Erde. Die Bäume fingen an, vielfarbig zu werden. Auch das Blau des Himmels war anders als zur Zeit der Jakobiäpfel. Die fernen Berge in der Richtung Ellwangen lagen im Dunst. Waldenburg im Rücken zeichnete wie damals seinen Turm und sein Schloß in den hellen Himmel. Aber diesmal saß neben Dußler nicht die Pistorius, sondern Schwester Senta. Der Jakobiapfelbaum an der Straße war leer. Dafür leuchteten an den anderen Bäumen die Äpfel rot und goldgelb.

Unter Singen und Schwätzen, im Schritt und im Trab, kamen die Wagen nach Nesselbach. Mit schurrenden Bremsen ging es vorsichtig ins Tal hinab und um all die Kehren. Über die Jagst spannt sich eine alte gedeckte Holzbrücke, nicht unähnlich den Stegen in Hall, nur ist sie dreimal so mächtig mit ihren riesigen Bohlen und Balken. Ein geladener Heuwagen kann ungestreift durchfahren. Mit Peitschenknallen rumpelten die Wagen durch die Brücke, deren Bretter einen Klang gaben wie grollender Donner. Man fährt hinein wie in einen Tunnel. Das Singen da drinnen klingt ganz anders, und beim Herausfahren sieht die Welt fröhlicher und heller aus.
Langenburg. Will man dort hinauf, so bleibt einem nichts übrig, als sich von Bächlingen aus nochmals mit einer langen Steige zu plagen. Im Sommer wäre es den Schwestern unter den großen Hauben und mit den schwarzen Kleidern wohl sehr warm geworden. Der Herbstmorgen aber hatte bis an den Mittag freundlich von seiner Kühle bewahrt.
Die Langenburger Gemeindeschwester war nicht wenig erstaunt, als sie durch solchen Besuch überrascht wurde. Sie führte alle zusammen ins Schloß, um ihnen den berühmten, prächtigen Hof zu zeigen. Der Fürst war nicht zu Hause. »Gott sei Dank«, sagte Dußler; denn sonst hätten sie dem alten Herrn, der im Vorstand des Haller Mutterhauses saß, einen Besuch machen müssen. So aber durften sie als Haller Diakonissen ein wenig mehr sehen als andere und konnten sich nachher im Park zum Essen niedersetzen. Der alte Fürst war ein recht umgänglicher und leutseliger Herr. Dußler frug Schwester Senta, ob sie beim letzten Jahresfest die schönste Pointe mitbekommen habe. Man hatte »Lobe den Herren, o meine Seele« gesungen. Vorne in der ersten Reihe saßen der Fürst und seine Gemahlin, die als Enkelin der alten Queen eine richtige königliche Hoheit war. Nach dem dritten Vers unterbrach Pfarrer Daimelhuber, der die Feierstunde leitete, und ließ gleich den fünften Vers singen. Alles sah nach, was denn im vierten Vers stünde und weswegen man ihn wohl auslassen sollte: »Fürsten sind Menschen, vom Weibe gebo-

ren.« Dußler lachte noch nachträglich und erinnerte Schwester Senta ganz leise an seine letzte Geburtstagskarte. Er hatte sich von seinem Eintrittstag her das Recht genommen, jeden 27. 6. Schwester Senta zu gratulieren, und er bedauerte nur, daß man nicht mehr als einmal im Jahr Geburtstag feiern konnte. Am letzten 27. 6. hatte er auf eine Karte die fünfzipfelige Haube gemalt und drum herum geschrieben:

> »Im neuen Jahre bleibt's beim alten,
> die Haub' ist weiß und hat fünf Falten.
> Was drunter, hat zwei Augen und zwei Ohren
> und ist auch bloß ein Mensch vom Weib geboren.«

Mit Essen und Singen allein kann man einen fröhlichen Mittag unter alten Bäumen auf einem schönen Rasen nicht zubringen. Bald spielten die Schwestern mit ihren jungen Lehrern – »zu jungen Lehrern«, grollte Pfarrer Hartwig, als er später davon erfuhr – Haschhasch, Dritter-Mann-Schlag und Faul-Ei. Dußler lief um die Wette mit Schwester Senta, die sich von der kleinen Schwester Anna fangen ließ. Er haschte dafür dem Vikar seine Schwester Bärbel weg. Ein paar Hauben verrutschten, und ein paar Schürzen bekamen Grasflecken, sonst geschah nichts Schlimmes. Als die Sonne anfing, ihre langen Schatten über den ganzen Schloßhof zu werfen, und als an der Jagst die ersten Nebelfetzen über die Wiesen heraufstreiften, war es Zeit, daß Johann einspannte. In der Abendkühle fuhren sie denselben Weg zurück. Nun brannten überall Kartoffelfeuer und mischten ihren blauen Rauch mit dem Nebel. Die Waldenburger Türme standen violett gegen den Abendhimmel, und wieder flogen ein paar Reiher wie am Morgen der Morsteiner Halde zu.
Die ganze Schwesternschar wurde einsilbiger, und auch Dußler schwieg. Nur vor Orlach, als sie gerade in den glühenden Abendhimmel hineinfuhren und die Sonne noch einmal hinter den Waldenburger Bergen aufleuchtete, sagte

er eindringlich und langsam jene Verse aus dem Faust vor sich hin:

> *»Sie rückt und weicht, der Tag ist überlebt.*
> *Dort eilt sie hin und fördert neues Leben.*
> *O daß kein Flügel mich vom Boden hebt,*
> *ihr nach und immer nach zu streben!*
> *Ich säh im ewigen Abendstrahl*
> *die stille Welt zu meinen Füßen,*
> *entzündet alle Höhn, beruhigt jedes Tal,*
> *den Silberbach in goldne Ströme fließen.*
> *Nicht hemmte dann den göttergleichen Lauf*
> *der wilde Berg mit allen seinen Schluchten;*
> *schon tut das Meer sich mit erwärmten Buchten*
> *vor den erstaunten Augen auf.*
> *Doch scheint die Göttin endlich wegzusinken;*
> *Allein der neue Trieb erwacht,*
> *Ich eile fort, ihr ew'ges Licht zu trinken,*
> *vor mir den Tag und hinter mir die Nacht,*
> *den Himmel über mir und unter mir die Wellen.*
> *Ein schöner Traum, indessen sie entweicht.*
> *Ach! zu des Geistes Flügeln wird so leicht*
> *kein körperlicher Flügel sich gesellen.*
> *Doch ist es jedem eingeboren,*
> *daß sein Gefühl hinauf und vorwärts dringt,*
> *wenn über uns, im blauen Raum verloren,*
> *ihr schmetternd Lied die Lerche singt.*
> *wenn über schroffen Fichtenhöhen*
> *der Adler ausgebreitet schwebt,*
> *und über Flächen, über Seen*
> *der Kranich nach der Heimat strebt.«*

Im Kochertal waren die geschwungenen Brücken noch schöner, als sie im Sommer gewesen waren, Hinter Untermünkheim stimmten die Schwestern an: »Ade zur guten Nacht.« Als die Wagen im Schritt über den Gelbinger Sattel fuhren,

trat hinter dem Diak der Mond über die Hänge; und weil dazu die Nebelschwaden nun dick und weiß vom Kocher heraufkrochen, schloß das Abendlied des alten Wandsbecker Boten den Tag.
Von diesem Ausflug ist im Diakonissenhaus noch jahrelang gesprochen worden. Er blieb der einzige seiner Art. Nachdem die Schwestern alle wohlbehalten je nach Temperament von den Wagen gesprungen oder geklettert waren, nachdem alle Hauben wieder geradegerückt und alle Schürzen glattgestrichen waren, nachdem der Johann seine Braunen wieder im Stall an der Krippe hatte, sah auch Dußler seine Aufgabe als erfüllt an. Schwester Senta war ihm in der allgemeinen Auflösung abhanden gekommen. Vor Johanns Stalltür fand er verlassen, aber fröhlich, den Vikar.
»Komm, Vikar, heut gehen wir zur Rennersbecke und trinken das Viertele, das schon seit dem Jakobimarkt auf uns wartet.«
Brändle machte keinen Einwand.
Die Rennersbecke, eine gute, alte, behäbige Weinstubenwirtin, war nicht wenig erstaunt, einen so seltenen Gast wie Brändle so spät bei sich zu sehen. Sie betonte, daß ihr das eine besondere Ehre sei, und sie brachte den beiden zu ihrem Viertel einen frischen Zwiebelkuchen. Wie zwei ganz alte erfahrene Weinzähne schlotzten sie in der hintersten Ecke der alten Weinstube an ihrem Ingelfinger.
Dußler war mit dem Tag restlos zufrieden, Brändle ebenfalls. Beim zweiten Glas vertraute der Vikar dem Doktor an, er wolle übermorgen zu Hartwig gehen und ihn bitten, daß er seine, Brändles Versetzung beim Oberkirchenrat befürworten möge.
»Ich will mich mit der Schwester Bärbel verloben, Dußler. Ich war letzten Sonntag bei ihren Eltern in Blaubeuren. Dort ist ihr Vater Dekan. Ich bin zwar bloß ein Schneidersbub, aber ich bin ihm recht.«
»Kein Wunder, du mit deinem IIa wirst doch auch noch Dekan.«
Brändle ließ sich nicht unterbrechen: »Der Vater hat ver-

langt, daß ich mich versetzen lasse, weil Schwester Bärbel noch ein halbes Jahr in Hall bleiben soll. Ist mir auch recht. Als Kriegsteilnehmer werde ich wohl eine Verweserstelle kriegen, dann kann ich bald heiraten.«
»Ich gratuliere!«
Dußler hob feierlich sein Glas:
»Das Mädle ist recht. Du mußt mich aber zur Hochzeit einladen, und wenn ich dir kein zu großer Heide bin, mußt du mich zum Gevatter bitten.«
»Du bist immer der gleiche«, antwortete Brändle, sagte aber für Hochzeit und Gevatterstehen zu.
»Wenn ich nur wüßte, wie ich weiterkäme«, grübelte Dußler vor sich hin, nachdem er beim dritten Viertele angelangt war. »Wenn Not am Mann ist, Vikare, mußt du mir auch helfen. Vielleicht brauche ich auch einmal ein Störungskommando.«
Und da auch der Vikar schon beim dritten Viertele angelangt war, versprach er alles.

»DA MUSS ES ENDLICH BRENNEN«

Zwei Tage nach dem Ausflug ereigneten sich ein paar denkwürdige Unterredungen. Die letzte fand am späten Abend statt. Da saßen tatsächlich Dußler und der Vikar schon wieder hinter einem Glas Wein.
»Gehen wir zum Dörrebeck«, hatte der Doktor gesagt. »Die Rennersbecke meint sonst, nun fingen sogar die Vikare an, unsolid zu werden und zu saufen. Man trinkt beim Dörr einen guten Niedernhaller Distelfink. Ich muß mit dir noch ein paar Sachen besprechen, ehe du gehst – oder richtiger, ehe wir gehen.«
»Wir?« Der Vikar blieb wie erstarrt stehen.
»Ja, ich gehe morgen oder richtiger, ich werde gegangen. Sie schmeißen mich raus, und darüber muß ich mit dir noch reden. Ich meine nur, bei einem Glas Wein geht das besser. Au-

ßerdem will ich auch einmal dem Dörr seinen Zwiebelkuchen probieren. Wenn man was Rechtes im Magen hat, ist man gefaßter.«
So hatten sich die beiden auf den Abend verabredet.
Am Morgen war der Vikar beim Pfarrer Hartwig gewesen, um ihm zu sagen, daß er beim Oberkirchenrat um seine Versetzung einkommen wolle. Eine Viertelstunde später hatte Hartwig zuerst Dr. Härle und dann Dußler zu sich gebeten. Noch später war Dußler eine geschlagene Stunde bei seinem Chef gesessen, so daß an diesem besonderen Tag sogar die Visite auf der Frauenstation ausgefallen war. Die Bombe war geplatzt. –
Nach der Abendandacht trotteten Dußler und der Vikar durch die Gelbinger Gasse der Stadt zu. Die Herbstkühle war einem lauwarmen Sprühregen gewichen. Der Vikar hatte einen Schirm aufgespannt, und Dußler ging mit darunter, obwohl er dieses Möbel nicht ausstehen konnte. Freilich tat er es nicht, ohne den Freund in die Seite zu stoßen:
»Du weißt doch, Brändle, wer unter dem Schirm des Höchsten sitzt usw.«
Es war ihnen aber beiden nicht zum Spaßen und nicht zum Spaß-Abwehren zumute; und so versickerte die Bosheit in Schweigen und feuchtem Abendgrau.
Der Turm von St. Michael verschwand aufsteigend in der schwarzen Nacht. Aus dem Dunkel heraus schlug es laut und gemächlich neun Uhr. Am Rathaus vorbei stolperten die zwei die steile Gasse zum Dörrebeck hinunter. »Der Dörrebeck ist mir heute gerade recht, Brändle, hier hat dein Namensvetter schon seinen Kochertäler getrunken. Hoffentlich holt uns beide nicht auch der Teufel wie seinerzeit den Doktor Johannes Faust.«
Sie setzten sich neben den Kachelofen auf die Bank und bestellten ein Viertele Niedernhaller und Zwiebelkuchen. Ob die Herren keinen Neuen probieren wollten, fragte der alte Dörr. »Nein«, antwortete Dußler für beide, »Wein und Mädle dürfen nicht zu jung sein. Mir ist der 23iger gerade recht.«

»Also prost, Vikare, auf deine neue Stelle, auf deine Bärbel und sonst ein paar schöne Sachen. Aber nun schieß los und erzähle: wie war es beim Pontifex Maximus?«
»Ja, Dußler, mir ist es gegangen, fast wie dem Ulmer Kuhhirten. Hartwig war gleich von vornherein sehr zurückhaltend, schier unfreundlich. Schwester Lore, die Nachfolgerin deiner – der Schwester Senta, war auch gleich ein bißchen komisch. Wie ich vorbringe, ich möchte den Oberkirchenrat um meine Versetzung bitten, unterbrach mich der Pfarrer ganz grob und sagte: ›Ich auch.‹ Nun wußte ich nicht recht weiter, und so schwiegen wir uns an. Ich dachte, er würde mir nun seine Gründe sagen, dann hätte ich meine verschweigen können. Aber so einfach ging das nicht.«
Der Vikar trank langsam und nachdenklich einen Schluck von dem goldgelben Wein.
»Nachdem wir uns also eine Weile angeschwiegen hatten, fing Hartwig an: ›Und was für Gründe haben Sie, Herr Vikar?‹ Also rückte ich heraus. Der Pfarrer unterbrach mich nicht. Als ich alles gesagt hatte, schwiegen wir wieder eine gute Weile, und dann begann Hartwig ausführlicher zu werden: ›Unsere Wünsche kommen sich also entgegen. Das ist mir angenehm, und ich glaube, Ihnen wahrscheinlich auch. Wenn ich dem Oberkirchenrat gegenüber als Begründung von Ihrer Verlobung sprechen kann, so ist das wesentlich besser, als wenn ich hätte sagen müssen, daß Sie mir nicht geeignet erscheinen für die Arbeit an einer Diakonissenanstalt.‹ Mit meinen Andachten und Predigten sei er ganz zufrieden, meint er. Mit der Seelsorge auch. Sogar mit dem Schwesternkurs, den ich offenbar mit ›besonderer Liebe‹ gäbe, wie er spitz bemerkte. Aber beim vorgestrigen Ausflug hätte ich gezeigt, daß ich den Geist des Hauses mit seiner notwendigen Zucht und Ordnung nicht begriffen hätte.«
»Du also auch nicht«, unterbrach ihn Dußler. »Es ist nichts mit den alten 180ern, trinken wir darauf einen Schluck!«
Brändle fuhr nach einem langen und bedächtigen Schluck fort:

»Nachdem er von meinen Verlobungsabsichten wisse, fügte der Pontifex noch hinzu, könne er mein Verhalten, das ihm bisher völlig unerklärlich geschienen habe, ein wenig besser verstehen.«

»Schau, schau«, unterbrach Dußler den Freund aufs neue, »er weiß also auch, daß die Liebe ein temporäres endokrin bedingtes Irresein ist, so daß er auf dich ohne weiteres den § 51 des Strafgesetzbuches anwenden müßte.«

»Gilt dann auch bei dir«, damit hob Brändle sein Glas.

»Stimmt«, antwortete Dußler, »gut gebrüllt, Löwe, und nun?«

»Ich werde schon am 1. Oktober gehen. Du weißt ja, Hartwig weiß in allen Dingen immer ein bißchen mehr als andere.«

»Der liebe Gott und der Pfarrer Hartwig«, brummte Dußler, ohne Brändle in seiner Erzählung aufhalten zu können.

»Sie brauchen da in Beuren möglichst bald einen Pfarrverweser. Hartwig hat mit dem Oberkirchenrat telefoniert und hat mich angeboten. Dem Oberkirchenrat ist es recht und mir auch. Ich fahr' also schon übermorgen. Auf so eine Stelle kann ich als Kriegsteilnehmer heiraten. Am 1. Januar ist Verlobung und nächstes Jahr Hochzeit, wozu ich dich heute schon einlade. Prost, und nun bist du an der Reihe, Dußler, was ist denn mit dir los?«

»Er hat mich einfach fortgeschickt. Rausgeschmissen hat er mich. Nicht gerade mit Brachialgewalt, aber immerhin ... Nun, ich will's kurz machen. Der Pontifex saß wieder einmal mit dem Rücken zum Fenster. Sein Gruß war so kurz wie möglich, und ich saß wieder einmal an dem berühmten runden Tisch und hatte das volle Tageslicht im Gesicht. Er sprach nichts. Ich sprach nichts. Offenbar suchte er nach einer geschickten Einleitung. Als er die nicht fand, wurde er gleich grob: ›Also, Herr Doktor, das Wichtigste zuerst: Ich möchte, daß Sie unser Haus so bald wie möglich verlassen. Sie verstoßen gegen den wichtigsten Satz Ihrer Anstellungsordnung. Sie passen sich dem Geist des Hauses nicht an. Ja, man könnte fast versucht sein zu sagen, Sie versuchen, das

Haus Ihrem Geiste anzupassen. Leider scheinen Sie aber von dem frommen Geist Ihres Elternhauses keinen Schimmer mitbekommen zu haben. Sie lassen in allen Dingen den nötigen Ernst vermissen.‹ Und nun kam er langsam in Fahrt. Er leerte seinen Kropf wie ein Pelikan, der sich überfressen hat.«

»Dußler!« mahnte Brändle.

»Warum? Was hast du gegen den Pelikan? Ich gar nichts. Ist mir im allerhöchsten Grade sympathisch, dieses Tier. Gefällt mir außerordentlich. Ich möchte es bloß auch so haben, daß ich einfach ausspucken könnte, was mir nicht hinunter will. Aber lassen wir die Zoologie. Also nun ging es los: Mangelnder, aber so nötiger Ernst. Mein Unterricht sei zwar nicht schlecht, aber ich ließe keine Gelegenheit zu unziemlichen und respektlosen Bemerkungen ungenützt vorbeigehen. Er erinnere mich nur an das Wort: Das weiß der liebe Gott und der Pfarrer Hartwig, das ebenso von mir stamme wie die Geschichte von den Haubensamensuppenessern und die von den Gänsen ohne Hauben und der Titel Pontifex Maximus. Aber jedes Faß laufe einmal über, und der Ausflug habe das meinige zum Überlaufen gebracht. – Welche von den Schwestern da geschwätzt hat, weiß ich nicht sicher, aber ich kann mir's ungefähr denken, so wie er die andern Sachen zum größten Teil vom Kollegen Schult haben wird. Aber daß wir vorgestern Hasch-hasch gespielt haben und daß wir weltliche Lieder, und zwar Liebeslieder, sozusagen in aller Öffentlichkeit gesungen haben, das widerspricht nach der Ansicht des Pfarrers dem Geist der Diakonissenanstalt. Für diesen Geist aber fühle er sich verantwortlich. Er sagte: Ich wünsche, daß Sie bis übermorgen, am 1. Oktober, gehen. Das Gehalt wird Ihnen noch einen Monat weiter bezahlt.«

»Am 1. Oktober?« wiederholte Brändle erschrocken.

»Ja, am 1. Oktober«, antwortete Dußler und trank sein Glas leer. Er bestellte ein neues Viertel und noch einmal einen heißen Zwiebelkuchen.

»Brändle, halt mit, ich habe es dir heute schon einmal gesagt, wenn man etwas Rechtes im Magen hat, ist man gefaßter.«
»Ja, was hast du ihm denn geantwortet, Dußler?«
»Ich? Zuerst gar nichts. Eigentlich wollte ich einfach aufstehen und gehen. Aber der Pfarrer nahm seine Anklagerede plötzlich – nach einigem Überlegen – wieder auf. Er war um ein paar Striche freundlicher und sagte: ›Mein lieber Herr Dußler, mit Ihrer ärztlichen Leistung ist Dr. Härle sehr zufrieden. Das muß ich Ihnen um der Gerechtigkeit willen sagen. Die Kranken schätzen Sie, und die Schwestern arbeiten sehr gerne mit Ihnen zusammen. Aber schon das letztere ist mir in Ihrem Falle‹ – er betonte das ›Ihrem‹ sehr – ›nicht ohne weiteres recht. Sie machen über heilige Dinge Scherze, Sie zitieren Bibel und Gesangbuch – übrigens nicht immer richtig – ohne den gebotenen Ernst, und so schaden Sie dem Geist des Hauses bei den Schwestern, mit denen Sie zusammenarbeiten.‹ Wir schwiegen uns eine Weile an, bis er ganz unvermittelt frug: ›Wann können Sie gehen?‹
Nun wurde mir's zuviel. Du kennst wohl die Verse aus der Schule noch: ›Und seht, bin ich nun einmal warm, dann juckt's gewaltig mir im Arm, dann werd' ich voller Gall und Gift, und wo dann meine Faust hintrifft, da wächst kein Grashalm wieder.‹
Weißt du, Brändle, ich glaube, daß der Michel des Herrn von Zavelstein von der Schwäbischen Alb gestammt hat. Vielleicht war er sogar von Hülben. Auf jeden Fall wurde ich jetzt auch langsam warm wie der Michel im Schullesebuch für das zweite Schuljahr in den Höheren Schulen Seite soundso: ›Herr Pfarrer‹, sagte ich, ›ich kann morgen gehen. So lange brauche ich, um meine Siebensachen zu packen. Wie lange ich aber nach der Ansicht des Herrn Dr. Härle für die Übergabe der Station brauche, und wie lange es dauert, bis er einen Nachfolger findet, der zum Geist dieses Hauses paßt, das muß ich meinem Chef überlassen.‹ Hartwig blieb ganz kühl: ›Überlassen Sie das bitte mir. Ich habe mit Ihrem Chef gesprochen. Ich habe auch einen Nachfolger für Sie, der sofort

eintreten kann und der in den Geist des Hauses zum mindesten besser paßt als Sie. Gelernt hat er auch etwas, und Herr Dr. Härle wird ihn einarbeiten. Da gibt es keine Schwierigkeiten.‹ Das reichte mir, ich stand auf und sagte: ›Nun kann ich wohl gehen?‹ Auch der Pfarrer erhob sich: ›Um unserer Kranken willen ist es mir leid, daß Sie uns verlassen.‹ Aber nun ging es mir wie dem Pelikan, und ich leerte meinen Kropf.«
Dußler wurde immer heftiger und sprach auf Brändle ein, als wenn er noch einmal den Pfarrer Hartwig vor sich hätte:
»›Herr Pfarrer, wie Sie wissen, bin ich Kriegsteilnehmer und habe vier Jahre verloren, wenn man das so heißen will. Ich bin also älter als die Herren, die Sie sonst als Assistenzärzte in Ihrem Haus haben. Ich bin nun dreißig Jahre alt und habe wahrscheinlich nicht genug Schulbubengefühle Ihnen gegenüber. Ich möchte annehmen, daß Sie seinerzeit mit dreißig Jahren schon lange irgendwo Stadtpfarrer waren. So möchte ich Ihnen doch auch meine Meinung zu der Sache sagen, wenn Sie mich anhören wollen.‹ Zu meinem eigenen Erstaunen bot er mir noch einmal einen Stuhl an und sagte: ›Bitte‹. Er selbst ging mit großen Schritten im Zimmer auf und ab und wechselte das Tempo je nachdem, was ich sagte. Er ließ mich wohl gut eine Viertelstunde meinen Kropf leeren, ohne mich zu unterbrechen.«
»Ja, was hast du ihm denn gesagt?« fragte Brändle.
»Pelikan habe ich gespielt, Pelikan. Ich habe mich an das Lied gehalten:

Was mer alles bist g'west,
Sag d'r erst, wann de gehst.

Ich fing an: ›Daß ich nicht in den Geist Ihres Hauses passe, mag stimmen. Die Frage ist nur, ob das gegen das Haus oder gegen mich spricht. Es könnte auch umgekehrt sein. Es wäre zum Beispiel möglich, daß in einem solchen Hause um der Tradition willen manches veraltet wäre und deshalb zur Kri-

tik herausforderte wie die berühmten ›Gesetze und Rechte‹, die sich forterben. Es wäre möglich, daß an einem solchen Hause zu wenig Kritik geübt wird. Ich habe Ihnen schon früher einmal gesagt, daß ich an der Arbeit der Schwestern überhaupt nichts auszusetzen habe. *Mehr* Aufopferung, *mehr* Treue und *mehr* Fleiß ist nicht gut möglich. Das ist das Ergebnis einer ganz bestimmten Zucht, Herr Pfarrer.‹ Ich setzte ihm auseinander, daß bei Mensch und Tier und Pflanze Hochleistungen nur auf Kosten anderer Leistungen, die verkümmern, erreicht werden. ›Ich bin ein Bauer und Schäferbub und weiß deshalb: Wenn man eine Kuh nur auf Milchmenge, wenn man ein Schaf nur auf Wolle züchtet, so lassen die Tiere in anderen Lebensfunktionen nach. Das ist auch bei den Menschen so.‹ Jetzt blieb er stehen: ›Was hat das mit den Schwestern zu tun?‹ Ich sagte ihm, ich sei gleich soweit und fuhr fort: ›Die Päpste haben früher einmal Kinder kastrieren lassen, um in ihrem Chor Eunuchenstimmen zur Ehre Gottes zu haben. Die katholische Kirche verbietet ihren Priestern das Heiraten und bekommt dafür eine geistige Hochzucht und Hochleistung. Man könnte auch Ärzte, Lehrer und Juristen durch ein Zölibat zu einer größeren Leistung heranzüchten.‹«
Brändle ließ seinen Zwiebelkuchen kalt werden und blickte immer entsetzter auf den zornigen Doktor. Aber der ließ sich nicht drausbringen.
»Das ist auch bei den Schwestern nicht anders. Im Glaubensbekenntnis heißt es doch: ›Ich glaube, daß mich Gott geschaffen hat.‹ Mit Leib und Seele, Herr Pfarrer. Wenn ich die Schwestern durch Tracht und Haube und Erziehung zu einem Neutrum mache, so bekomme ich – entschuldigen Sie den Ausdruck – eine Hochleistung an Treue, Fleiß und Aufopferung usw. Sie können dann das sagen, was viele Ärzte sagen: Ordensschwestern und Diakonissen sind stets bessere Schwestern als freie. Aber, Herr Pfarrer, das ist ebenso einseitig wie –.‹ Jetzt unterbrach er mich grollend. ›Wollen Sie am Ende jetzt die Milchleistung zitieren?‹ Aber nun war mir schon alles egal, und ich sagte: ›Wenn Sie wollen, ja. Sie wis-

sen doch genau, was ich meine. Wenn man junge Mädchen grundsätzlich in das Zölibat nimmt, dann läßt man eine Seite ihrer Anlage – die aber auch von Gott stammt – verkümmern, um dafür eine Hochleistung auf anderem Gebiet herauszuholen, und das ist ungesund, Herr Pfarrer.‹«
Dußler schrie Brändle an:
»›Wenn Sie meinen, ich müßte mich noch in vielem ändern, so haben Sie wahrscheinlich recht. Aber wenn ich meine, auch in den Anstalten der Inneren Mission müsse sich manches ändern, so habe ich auch recht.‹«
»Mein Gott«, stöhnte Brändle, »und das hast du alles gesagt?«
»Und noch viel mehr, aber ich weiß nicht mehr alles, und es langt auch.«
Dußler ergriff etwas müde und erschöpft von der nochmals durchlebten Erregung sein Glas und leerte es vollends in einem Zuge aus. Er ließ sich wieder einschenken und spielte mit seinen langen kräftigen Fingern an einer Brotkugel herum, die er sich gedreht hatte. In Brändle schaffte es gewaltig. Seine alte Kriegsnarbe lief wieder einmal rot an. Er spürte ganz genau, daß in dem, was Dußler da herausgepoltert hatte, manches richtig und vieles falsch oder wenigstens schief gesehen war. Beide schwiegen. Der Regen klatschte gegen die Fensterscheiben, und der Föhn heulte vom Kamin in den Kachelofen herunter. Hinter seinem Schanktisch hüstelte der alte Dörr. Die Wirtsstube war leer geblieben. Nach einer Weile nahm der Vikar einen tiefen Schluck, als wolle er sich Mut antrinken, und unterbrach die Stille:
»Daß du einen Zorn hast, verstehe ich natürlich, und daß man im Zorn Dinge sagt, die man in ruhigen Stunden für sich behält, verstehe ich auch. Aber so hättest du dem Pfarrer Hartwig nicht kommen dürfen.«
»Warum nicht?« begehrte Dußler streitlustig auf. »Soll der allein grob sein dürfen?«
»Nein, Jakob, so mein ich das nicht. Aber jetzt unterbrich mich, bitte, einmal nicht! Sonst bring ich das nicht zusam-

men, was ich sagen will. Du fragst: Warum? Weil er jetzt ganz im Recht ist, wenn er dich wegschickt.«

»Hat er ja schon vorher getan«, knurrte der Doktor, »aber mach schon weiter, ich laß dich jetzt reden.«

»Freilich hat er es vorher schon getan, aber du hast ihm nun feierlich bestätigt, daß er ganz recht hat mit seiner Meinung, daß du in eine Diakonissenanstalt wie diese nicht hineinpaßt.«

»Jetzt muß ich dich aber doch unterbrechen, Brändle, verzeih! ›Wie diese‹, da hast du recht! Aber in die Faulhabersche hätte ich hineingepaßt.«

»Ich glaube kaum, Jakob. Aber wir beide kennen die Faulhabersche Form nicht gut genug, um das zu entscheiden. Ich geb dir aber zu, dort hättest du besser hineingepaßt. Der alte Faulhaber ist aber tot und mit ihm seine Ansicht von der Diakonie, ob diese nun richtig ist oder falsch. Hier in Hall aber gilt das Wort des Grafen Lüttichau, daß Diakonissenarbeit ein Lebensberuf ist. Das ist der rocher de bronce, auf dem wir stehen, hat er auf dem letzten Jahresfest gesagt. Und in ein solches Haus gehörst du eigentlich nicht hinein – schon allein weil du die Schwester Senta heiraten willst. Unterbrich mich nicht!« wehrte er den aufbegehrenden Dußler ab. »Daß du das willst, ist wirklich wichtig dabei, denn gerade das macht dich hellsichtig, aber eben nur in einer Richtung, nämlich in der, die du jetzt gerade brauchst. Ich glaub, ich muß dich an deinen Leib- und Magenspruch erinnern: So isch no au wieder. Ihr habt beide recht und unrecht. Der Pfarrer Hartwig sieht seine Aufgabe in der Erhaltung des Alten und der Tradition und in einem Weiterbau auf dieser Grundlage. Für ihn ist alles Gefährdung der Diakonie und des Diakoniegedankens, was du denkst und willst. Daß er konservativ ist und denkt, das kannst du ihm im Ernst nicht übelnehmen, denn Kirche muß in ihrem Wesen immer konservativ sein. Aber du – du bist eine ganze Generation jünger, du siehst überall Reformen und Revolutionen; unter anderem auch, weil du verliebt bist!«

Brändle schwieg nach dieser langen Rede. Es war sicher die längste, die er je seinem Freund gehalten hatte, ohne daß dieser ihn unterbrochen und ihm widersprochen hätte. Eine gute Weile hörte man wieder nichts als den Regen am Fenster, der nun gleichmäßig ohne Wind und Sturm trommelte, wie wenn auch der Sturm erschöpft und müde geworden wäre. Als Dußler wieder anfing, war er um vieles ruhiger geworden.

»Wahrscheinlich hast du nicht ganz unrecht. Ich werde darüber nach altem guten Kommißrezept zuerst einmal schlafen müssen, um klarer zu sehen. Aber guck, Brändle, es ist da noch etwas, warum der Pfarrer und ich uns nicht verstehen. Er stammt ja nicht aus dem Schwäbischen, sondern ›aus dem großen Vaterland‹.«

»Geradeso wie die Schwester Senta, prost!«

»Stimmt«, bestätigte Dußler, »aber unterbrich du mich jetzt auch nicht. Wenn ich im Schwäbischen etwas sagen soll, das mir wirklich ernst ist, so muß ich es meist negativ sagen, denn es fehlt mir, wie der alte Fontane sagt, der Sinn für die Feierlichkeit. Aus lauter Angst davor, aus lauter ›Genieren‹ machen wir lieben einen kalten Spruch gerade dann, wenn es uns an die Nieren geht. Dafür hat der Hartwig kein Verständnis. Schließlich muß er ja von Berufs wegen Sinn für die Feierlichkeit haben. Die schwäbische Volksausgabe dieser Feierlichkeit ist in unseren Pfarrhäusern das ›Tönle‹. Möge dich der Herr davor bewahren, Brändle! Trink drauf! Natürlich weiß ich auch, daß der Fontane von Berlin und die Senta von Gumbinnen ist. Das sind Ausnahmen, und drum hab' ich sie gern.«

Der Doktor schwieg und dachte vor sich hin. Seine Worte blieben in der Luft hängen. Jeder der Freunde ging seinen eigenen Gedanken nach. Brändle war noch immer voll Entsetzen über Dußlers Brandrede und kam nun nach dem dritten Viertel mit diesem Wust von Falschem und Richtigem nicht mehr zurecht. Da gerade ein paar späte Gäste kamen, stand er auf und sagte: »Komm, Dußler, wir gehen heim.

Den Bericht über deinen Besuch bei Härle bist du mir zwar noch schuldig. Das erzählst du mir besser ein andermal. Mir schwirrt der Kopf, vielleicht ist auch der Niedernhaller dran schuld.«

Die beiden zahlten und tappten durch die feuchte, dunkle Herbstnacht heim.

Die Unterredung mit Dr. Härle hatte am Morgen auch eine gute Stunde gedauert. Dußler war in der ersten Erregung zu seinem Chef gerannt, der ihn schon erwartete. Härle bot ihm eine Tasse Kaffee an.

»Ich mag am Morgen keinen Wein, aber man muß doch etwas zu trinken haben, wenn man ernste Dinge bespricht, besonders zwei Nichtraucher wie wir. Wir wollen die böse Sache einmal in Ruhe bereden.«

Daß Härle mit ihm zufrieden war, brauchte er Dußler nicht zu bestätigen. Ebensowenig brauchte er ihm auseinanderzusetzen, daß für ihn als Chef das plötzliche Weggehen mehr als ungelegen kam. Aber Hartwig hatte am Morgen Dr. Härle erklärt, daß die Anstalt Dußler aus ganz prinzipiellen Gründen sofort entlassen müsse. Da war Härle nichts anderes übrig geblieben, als ja zu sagen. Dußler erzählte ausführlich von seiner Auseinandersetzung mit Pfarrer Hartwig. Härle hörte schweigend zu. Als er geendet hatte, rührte Härle noch eine Weile recht bedächtig in seinem Kaffee und sagte dann:

»Daß ich Sie ungern verliere, wissen Sie, daß es für mich, für meine Gesundheit und für die Abteilung nicht gut ist, wenn Sie so plötzlich gehen, das wissen Sie ebenfalls. Aber, daß Herr Pfarrer Hartwig von seinem Standpunkt aus recht hat, das wissen Sie hoffentlich ebenso gut wie ich. Nach dem, was Sie mir da gerade erzählt haben, kann ich nur wiederholen: Von seinem Standpunkt aus hat der Pfarrer ganz recht, wenn er Sie fortschickt. Übrigens«, Härle sah durch seine runden Brillengläser über den Kaffeetisch hinüber Dußler sehr genau an, »übrigens ist Schwester Senta ab sofort in eine Gemeinde bei Ulm versetzt.«

Dußler antwortete nichts; aber Härle, der ein guter Beobachter war, sagte: »Also doch.«
»Jawohl, also doch«, wiederholte nun Dußler. »Ich habe die Schwester Senta gern – das wollten Sie doch mit Ihrem ›also doch‹ sagen? Ich will sie heiraten, vorausgesetzt, daß sie mich nimmt. Ganz wurscht, ob sie nun Schwester ist oder nicht.«
Nach einer Pause, die er mit Kaffee-Einschenken ausfüllte, nahm Härle noch einmal das Wort:
»Mein lieber Dußler, wenn ich boshaft sein wollte, so müßte ich jetzt Ihren geliebten Wilhelm Busch zitieren:

> *Denn durch eure Männerleiber*
> *geht ein Konkurrenzgetriebe,*
> *sei es Ehre, sei es Liebe,*
> *doch dahinter stecken Weiber.*

Ich hätte es mir ja denken können. Ich möchte nur wissen, wieviel Kriege und Revolutionen und Reformen ungeschehen geblieben wären, wenn es keine Frauen gäbe, denen Männer gefallen wollen und die von Männern geliebt werden. Daß sich vor 700 Jahren die Ritter in Turnieren um einer schönen Frau willen von ihren Rössern stießen, war eigentlich die harmloseste Abwandlung dieser Tatsache. Sie kennen doch den Vers von unserem berühmten Kollegen aus Marbach a. N.:

> *Einstweilen, bis den Bau der Welt*
> *Philosophie zusammenhält,*
> *erhält sie das Getriebe*
> *durch Hunger und durch Liebe.*

Ich will mich nicht über Sie lustig machen, Dußler. Sie wissen, ich bin nun bald zwanzig Jahre als Arzt an dieser Anstalt und bin deshalb auch ihrem Geist etwas verpflichtet. Weil ich weiß, daß Sie mit dem, was ich Ihnen jetzt sage, keinen Mißbrauch treiben werden, will ich es nicht verschweigen: Daß

Sie die Schwester Senta heiraten wollen, ist wahrscheinlich der beste Gedanke, den Sie in Ihrem dreißigjährigen Leben gehabt haben. Das ist meine Ansicht von der Sache.«

DER BURRENHOF

Jakob Dußler war wieder heimgekehrt nach Hülben auf der Alb. Am Spätnachmittag war er mit Sack und Pack angerückt, ohne sich vorher anzumelden. Ein Brief wäre doch zu spät gekommen. Telegramme sind aber wegen solcher Ereignisse in Hülben nicht üblich. Der Vater war über Land gegangen, um über Schafweiden zu verhandeln. So traf Dußler nur die alte Haushälterin an, die ihm für ein Nachtessen sorgte. Er stieg die knarrende, ausgetretene Stiege zu seinem Zimmer hinauf, das unterm Dach seit seiner Schulzeit stets für ihn gerichtet war. Die alte Marie hatte nichts gefragt. Sie war selbst nicht von Fraghausen. Aber auch, wenn sie es gewesen wäre, so hätte sie es sich in den fünfundzwanzig Jahren, die sie dem Immanuel Dußler haushielt, wohl abgewöhnt.
Am anderen Morgen stand Dußler, der Sohn, mit Absicht etwas später auf. Er wollte dem Vater zum erstenmal lieber auf der Weide draußen als im Zimmer begegnen. Er summte ein Lied vor sich hin, das ihm einst der Vater und auch die Mutter gesungen hatte:

>*»Grüß dich Gott, mein lieber Sohn,*
>*Wie hast du geschlafen,*
>*Bist du aufgewachet schon,*
>*Gehn'n wir zu den Schafen?*
>
>*Ob der Schäfer aufgewacht,*
>*Wie er g'schlafen hat heut' Nacht.*
>*Grüß dich Gott, mein lieber Sohn,*
>*Wie hast du geschlafen?*

Grüß dich Gott, Herr Vater mein,
Ich hab' gut geschlafen.
Komme von den Herden dein,
War bei deinen Schafen.

Sieben haben Junge 'kriegt.
Deshalb bin ich so vergnügt.
Grüß dich Gott, Herr Vater mein,
Ich hab' gut geschlafen.«

Jakob fand seinen Vater, wie er es erwartet hatte, unter der großen Einzechtbuche, von der man zum Burrenhof hinüber und auch auf die Münsinger Alb sieht. Zwischen den Wacholdersträuchern fraßen die Schafe. Die zwei struppigen altdeutschen Schäferhunde, die faul in der Herbstsonne neben dem Vater lagen, sprangen ihm entgegen. Sie rieben ihre Schnauzen an ihm und ließen sich abliebeln. Der Vater stand nicht auf, als der Sohn kam.
»Grüß Gott, Jakob, bist du auch da oben?«
»Ja, ich bin vom Diakonissenhaus weggegangen«, antwortete Jakob und setzte sich umständlich neben den Vater. Die beiden Dußler blickten über die grasenden Tiere weg in die Ferne. Der Alte hatte seine Augen und Gedanken wohl wieder einmal bei Ennabeure hinter Ennabeure. Der Junge genoß die Farbe und den Geruch und den Ton der Heimat. Wie vertraut war ihm das gleichmäßig rupfende Geräusch der weidenden Schafe. Er freute sich, daß noch so spät ein Starschwarm da war, der sich auf die Schafe setzte, um sie zu lausen. Quer durch die Heide lief kalkweiß ein Feldweg an Felsbrocken und Wacholdermännern vorbei. Dort wo der Weg in das Erkenbrechtsweiler Sträßlein einmündet, stand ein Vogelbeerbaum und ließ seine roten Beeren leuchten. Große Silberdisteln strahlten weit aufgetan in den Herbstmorgen hinein, und plötzlich fiel Dußler der alte Kapitän Textor von Ingelfingen ein, den er einst an einem überheißen Spätmittag im deutschen Restaurant in Hong-

kong getroffen und der mit ihm Bruderschaft getrunken hatte, weil sie beide aus dem Ländle stammten. Er konnte den Alten deutlich vor sich sehen, wie er ihm an jenem Mittag gegenübersaß. Er war nur Haut und Knochen gewesen. Und was für eine Haut! Braun gegerbt in vierzig Jahren christlicher Seefahrt. Am Kinn glänzte ein kleines weißen Spitzbärtchen, und unter den gleich weißen buschigen Augenbrauen strahlten zwei blaue Augen. Wie hatte doch der Alte gesagt?

»Wissen Sie, Doktor, ich fahre nun seit bald dreißig Jahren von Sidney nach Hongkong. Drei Jahre zurück war ich das letzte Mal in Ingelfingen. Wenn ich in Sidney als Passagier in die Kajüte gehe, um wieder einmal heimzufahren, und mich dort auf mein Bett lege, dann hör' ich schon im Hafen von Sidney den Schloßbrunnen von Ingelfingen rauschen, ja, well.«

Jakob Dußler war einmal von Hall nur deshalb nach Ingelfingen gefahren, um den Schloßbrunnen des alten Textor rauschen zu hören. An einem hohen Giebelhaus auf dem Platz neben dem Brunnen hatte er halb verwaschen die Inschrift entdeckt: Gemischtwaren J. Textor. Ob er je einmal in seinem Leben Heimweh gehabt habe, konnte Jakob nicht sagen. Aber das wußte er, so wohl wie da oben auf der Albweide war ihm nirgends. Die kauenden, rupfenden Schafe konnte Dußler vor dem Einschlafen hören, so wie der alte Textor seinen Ingelfinger Schloßbrunnen.

Die beiden Dußler schwiegen lange vor sich hin. Aber da sich doch nicht alles durch Schweigen sagen läßt, fing der Junge an:

»Vater, ich glaube, daß die Staren keine Gelbsucht kriegen, weil sie so viele Schafläuse verzehren. Sie sind schwarz, glänzen, reden gern und viel und fressen Schafläuse. Ich glaube, das sind die Pfarrer unter den Vögeln.«

»Schwätz kein so keinnütziges Zeug. Du bist ja wohl wegen anderem da herausgekommen.«

Das war für den Jungen der richtige Ton, auf den er antwor-

ten konnte, und er erzählte dem Vater, was sich in Hall alles zugetragen hatte. Als er mit seiner Geschichte fertig war, stand der Schäfer auf und schickte seine Hunde nach ein paar Schafen, die ihm zu weit weggelaufen waren, dann setzte er sich, pfiff die Hunde zurück und sagte bedächtig:
»In den Sprüchen Salomonis heißt es: Mancher kommt in großes Unglück durch sein eigen Maul.«
Wieder schwiegen sich die beiden an. Der Junge sah aus wie eine Neuauflage des Alten. Aus jedem der beiden Gesichter sprang die gleiche große, leicht gebogene Nase über einen schmalen Mund und ein energisches Kinn. Jakob fing wieder an:
»Ich hätte ja sowieso daran denken müssen, von Hall wegzugehen. Ich bin alt genug, um mich niederzulassen. Eigentlich muß ich dem Pfarrer dankbar sein, daß er mir zum Absprung verholfen hat. Man ist als Assistenzarzt immer in Gefahr, den richtigen Zeitpunkt zu versäumen.«
Er entwickelte dem Vater seine Pläne. Der Burrenhof dort drüben war Jakob Dußlers Muttererbe. Er lag an der Weggabel zwischen Erkenbrechtsweiler und Hülben und bestand aus einem mittelgroßen Wohnhaus mit Stall und Scheuer und ein paar Morgen Feld. Dort, wo man gleich weit nach Erkenbrechtsweiler und nach Hülben zu gehen hat, wollte Jakob seine Praxis aufmachen, auch wenn der Hof im freien Feld lag. Warum sollten die Leute nicht auf den Burrenhof kommen, wenn ihnen etwas fehlte? Schließlich kamen sie ja auch zum Vater auf die Weide hinaus. Und dann ist es dort oben wichtiger, daß der Doktor den Kranken aufsucht, als daß die Kranken zum Doktor gehen. Auf der Alb holt man den Arzt ja doch nur, wenn es brennt! Stall und Scheune waren gut zu gebrauchen, denn es waren Wagen, Schlitten und Pferde unterzubringen. Das Haus mußte man umbauen, aber wenn Dußler die fünfzehn Morgen, die zum Hof gehörten, verkaufte, ließ sich der Umbau wohl bezahlen. Jakob hatte noch weitere Pläne für später: Man konnte an das Haus nicht ungeschickt anbauen und für dring-

liche Fälle ein paar Krankenbetten aufstellen. Zuvor aber wollte er noch ein halbes oder ein ganzes Jahr an anderen Krankenhäusern einiges zulernen, vor allem an Geburtshilfe und Unfallheilkunde.

Der Vater hörte sich die Pläne an. Sie waren vernünftig und ausführbar, und sie paßten da herauf auf die Alb. Aber – es gehörte die rechte Frau dazu.

»Ich bin mit deinen Plänen ganz einverstanden; aber darüber bist du dir hoffentlich klar, ohne Frau geht das nicht. Nach deiner Schilderung könnte die Schwester Senta ganz recht sein, und ich halte es nicht für eine Sünde, wenn eine Diakonisse heiratet. Ich habe nichts dagegen. Daß das Mädchen nichts hat, ist ungeschickt, aber so wichtig ist das dann auch wieder nicht, wenn sie nur eine rechte Frau ist. Vor allem mußt du wissen, ob sie dich will, denn ohne Frau würd' ich an deiner Stelle die Praxis auf dem Burrenhof nicht anfangen. Daß du von Hall weg bist, ist kein Unglück. Daß du noch etwas zulernen willst, sehe ich ein. Aber dann fang an. Man kann nicht alles lernen, ehe man anfängt. Schließlich kann man die Schafe auch vor dem Mai scheren, und man kann einen Sack zubinden, ehe er voll ist.«

Damit hatte der Vater alles gesagt, was zu sagen war. Er stand auf und trieb seine Schafe über den Weg auf Felder, wo zwischen den Stoppeln ein frischer Klee wuchs.

Jakob blieb sitzen und sinnierte in den Herbsttag hinein. Da hatte der Vater ganz recht. Das war der wunde Punkt, die Frau. Er mußte heiraten. Und nun kamen erst alle Schwierigkeiten auf ihn zu.

Dußler war ein schwäbischer Dickkopf und außerdem war er verliebt. Diese beiden Tatsachen buchte er als Plus für sich und sein Vorhaben. Aber dem stand eben einiges gegenüber: Zum ersten war die Senta Diakonisse. Zum zweiten wußte er gar nicht, ob sie ihn überhaupt wollte, und drittens, wie sollte er an sie herankommen?

Dußler hatte einen Plan, er wälzte ihn hin und her. Schließlich hatte er genug überlegt und ging mit langsamen, weit ausgreifenden Schritten, als habe er selbst ein Blauhemd an, über die Weide Hülben zu.

Dort suchte er geradewegs die Gemeindeschwester, die Diakonisse Schwester Marie, auf. Sie war ein Teil von Hülben wie der Kirchturm oder die Schule. Seit Dußler denken konnte, tat sie da oben ihren Dienst und in nicht wenigen Familien kannte sie Urahne, Ahne, Eltern und Kindern. Sie war eine kluge und energische Frau und wurde in der Regel nicht nur mit den schwierigsten Kranken, sondern auch mit den nicht immer einfach zu behandelnden Ärzten fertig.

Wenn sich Dr. Mägerle in Urach von irgendeinem jungen Kollegen vertreten ließ, der im Stolz auf sein nagelneues Examen auf so eine alte Schwester ein wenig heruntersah, so konnte es wohl vorkommen, daß Schwester Marie einen solchen Doktor noch ein bißchen nachträglich erzog.

Einmal war da einer gewesen, der alle Krankheiten mit Spritzen behandelte und nun von Schwester Marie verlangte, sie solle bei Patienten, die »nur« ein Magengeschwür hatten, täglich zweimal spritzen. Aber da begegnete er einer eisernen Ablehnung:

»Herr Doktor, das machen wir da oben nicht. Da reichen Bett und Arznei auch.«

Als der gleiche junge Herr aber eines Abends nicht mehr von Urach den weiten Weg – allerdings im tiefen Winter – heraufkommen wollte, obwohl ihm die Schwester sagte, es könne auch »ein Blinddarm« sein, da belehrte sie ihn am Telefon recht eindringlich:

»Was eine Blinddarmentzündung ist und fort muß, kann ich freilich selbst entscheiden. Dazu brauch' ich keinen Doktor, aber ich meine, Sie sollten es geradeso machen wie der Herr Oberamtsarzt und heraufkommen und Ihr Ja dazu sagen. Das ist nicht nur nötig wegen Krankenhaus und Krankenwagen, sondern auch wegen Ihres Ansehens.«

Da ließ der Doktor seinen Skat mit dem Apotheker und dem Ephorus Skat sein. Er spielte seinen Grand mit Vieren, den er auf der Hand hatte, nicht mehr aus und ließ den Schlitten anspannen.

Kranke und Gesunde hatten Schwester Marie gern. Sie war zu allen Tag- und Nachtzeiten unermüdlich. Nie war ihr etwas bei Schwerkranken zuviel. Zu ihrer Diakonisse gingen die Hülbener und die Erkenbrechtsweiler nicht nur mit ihren Krankheitssorgen. Man frug sie um ihre Meinung bei allem, was das Jahr hindurch in einem Bauernhaus vorkommt, vom Heiraten bis zum Erben. Und so ging Dußler, man muß fast sagen, nach guter Hülbener Überlieferung, auch zu Schwester Marie, um sie um Rat und Hilfe zu bitten.

Sie kannte den Doktor noch von der Zeit, als sie dem kleinen, mutterlosen Bürschle nicht selten seine Rotznase geputzt oder ihm auch einmal, wenn er gar zu ungebärdig durch die Pfützen sprang, eine hinten drauf gepatscht hatte mit ihrer großen Hand, die keine schlechte Schrift schrieb.

Sie stand am Herd und kochte. Als der Doktor unter die Tür trat, drehte sie sich um. Ihre runden Backen waren rot vom Herdfeuer. Sie stand in ihrer vollen Breite da, die Haube war ein bißchen verrutscht. Schwester Marie rieb die Hände an ihrer Küchenschürze ab, legte diese weg, so daß ihr Schwesternschurz wieder wie eine Uniform zur Geltung kam:

»Ja, was tust denn du da, Jakob? Bist du krank? Dann müßt ich ja schier sagen: Arzt, hilf dir selber!«

»Grüß Gott, Schwester Marie, krank bin ich nicht, aber ich brauche Ihren Rat. Wenn Sie Zeit haben, so möchte ich Ihnen gern erzählen, warum ich komme.«

Schwester Marie hätte eine viel schlechtere Menschenkennerin sein müssen, als sie war, wenn sie dem Jakob nicht angemerkt hätte, daß es sich um eine ernste Sache handelte.

Mit ein paar Herdringen deckte sie ihr Feuer zu, sie rückte den Topf auf die Seite und sah nach der Uhr:

»Ich hab' noch eine gute halbe Stunde Zeit. Dann muß ich

zum Schmidbauer hinüber nach Erkenbrechtsweiler. Der hat eine Lungenentzündung und kriegt noch einen Wickel. Wenn dir eine halbe Stunde reicht, so habe ich Zeit. Wenn nicht, so mußt du morgen kommen.«

Schwester Marie setzte sich in ihren bequemen Ohrenstuhl, den ihr die Gemeinde zum Jubiläum geschenkt hatte. Sie bot Dußler einen Stuhl an und forderte ihn auf: »So, jetzt kannst du anfangen.«

Dußler erzählte der Reihe nach, ohne Umschweife, ohne Entschuldigung, von Hall, von seiner Arbeit, vom Pfarrer und von Schwester Senta. Schwester Marie konnte zuhören, das war ihre große Begabung. Kaum einmal unterbrach sie den Doktor. Als der Name Schwester Senta zum erstenmal fiel, frug sie nur: »Die Blonde aus Pfarrer Hartwigs Vorzimmer?« Als Dußler dabei angelangt war, daß er Schwester Senta heiraten wolle, hörte er aus dem Ohrenstuhl ein nachdenkliches »So so«. Dußler war fertig und schloß: »Nun habe ich eben gemeint, sie könnten mir vielleicht helfen, daß ich Schwester Senta überhaupt einmal fragen kann, ob sie will oder nicht. Ich glaube es ziemlich bestimmt, sowas fühlt man doch irgendwie. Aber ich weiß es nicht. Alle meine Entschlüsse vom Burrenhof bis zum Weiterlernen hängen von ihrer Antwort ab. Sagt sie nein, mache ich es wie der Huppenbauer, der vor dem Krieg in Hall war und gehe auch nach Afrika. Sagt sie ja, mache ich aus dem Burrenhof ein Doktorhaus.«

Nun hörte man eine gute Weile nur das Singen und Summen des Wassers im Herdschiff.

Nach einigem Nachdenken fing Schwester Marie an, und auch Jakob ließ sie, ohne sie zu unterbrechen, ausreden:

»Du hast ganz recht, du mußt sie fragen können. Die Entscheidung liegt ganz bei ihr. Siehst du, ich bin mit zwanzig Jahren Schwester geworden, und ich würde es heute wieder werden. Ich glaube, ich hab' mich in all den Jahren nicht einmal ums Heiraten gekümmert. Aber es gibt auch andere, und ich habe schon bei mehr als einer Mitschwester gedacht: du hättest auch gescheiter daran getan, wenn du geheiratet hättest und zögest ein Schärle Kinder auf. Zum Heiraten habe ich nie Lust gehabt, aber Kinder hab' ich immer mögen. Kindergeschrei ist auch ein Chroal zur Ehre Gottes. Hast du in Hall den alten Dekan Horn gesehen? Bei einem Jahresfest hat er einmal von den Diakonissen gesagt: ›Es gibt sottiche!‹« und dabei zeigte Schwester Marie mit beiden zusammengelegten Händen, den alten Horn nachahmend, nach rechts; – »›und es gibt sottiche!‹« – und nun zeigte sie links; – »›aber meescht sottiche‹« – und nun zeigte sie die Mitte. »Zum mindesten kann man sagen, es gibt recht verschiedene, und was für die eine recht ist, ist für die andere falsch, auch wenn sie die gleiche Haube tragen. – Ich kann dir heut' noch keinen Rat geben. Ich muß darüber schlafen und beten. Wenn du morgen abend kommst, kannst du mich zum Schmidbauer begleiten, dann will ich dir meine Meinung sagen.«

Am nächsten Abend gingen die beiden selbander Erkenbrechtsweiler zu. Jakob schwätzte nichts, und Schwester Marie schwieg und blickte auf den Weg. Sie waren schon am Burrenhof, als Schwester Marie anfing:

»Da hinein willst du dein Doktorhaus bauen? Gestern mittag habe ich gedacht, das sei verrückt. Aber seit ich es mir überlegt habe, glaube ich, daß das gar nicht so dumm ist. Die Hülbener haben den halben Weg und die Erkenbrechtsweiler Bauern auch. Ich kenne die Wege da oben so gut wie du und weiß, daß man in der Sommerhitze ebenso wie bei Schnee und Wind und Regen froh ist, wenn man ein paar Schritte weniger zu gehen hat.«

»So habe ich auch gedacht«, antwortete Jakob einsilbig und hing seinen Gedanken nach. Nach einer Weile fing Schwester Marie wieder an:

»Wegen der Senta habe ich heute Nacht nicht viel geschlafen, aber lange gewacht. Ich schlage dir vor, daß ich der Senta schreibe, sie solle mich besuchen. Ich kenne sie ganz gut. Wir waren zweimal miteinander im Erholungsheim in Calw. Wenn sie kommt, dann ist das sicher ein Zeichen, daß ihr die

Sache nicht gleichgültig ist. Ich meine, es ist das beste, du lädst dir auf den gleichen Tag deinen Freund, den Pfarrverweser Brändle von Beuren ein, er solle heraufkommen. Es gibt dann weniger Gerede. Will die Schwester Senta dich heiraten, gut. Wir sind ja keine Nonnen. Das hat der Pfarrer Daimelhuber im Unterricht mehr als einmal gesagt. Freilich glaub' ich nicht, daß er gerade sehr dafür wäre. Wenn sie nicht will, so darfst du sie nicht drängen, das mußt du mir versprechen.«

Jakob war einverstanden. Die beiden stapften durch den vom Regen aufgeweichten Albstraßenschmutz. Dem Schmidbauer ging es besser. Jakob half beim Wickelmachen.

»Gelernt ist gelernt, Jakob, man merkt, daß du Schwesternkurs gegeben hast«, lobte Schwester Marie auf dem Heimweg. »Ich werde übrigens Grüße von dir schreiben, damit Schwester Senta gleich merkt, was und wer auf sie wartet.«

DER GRAUSIGE DINGER

Jakob Dußler hatte, wie so oft in seinem Leben, wieder einmal Glück. Schwester Senta sagte tatsächlich auf den übernächsten Sonntag zu. Was sie im einzelnen geschrieben hatte, konnte Dußler allerdings nicht erfahren. Als er Schwester Marie frug, bekam er nur die Antwort, die man dort oben den naseweisen Kindern gibt: »a Nixle im a Büchsle und a goldig's Wart-a-Weile.«

Auch der Vikar sagte zu. Ein Bundesbruder nahm ihm die Kinderlehre ab. Der Dekan in Nürtingen war zwar etwas erstaunt, daß sein neuer Pfarrverweser seine Arbeit sozusagen mit einem Urlaub anfangen wollte, aber er sagte nicht nein, und Brändle dachte an das Versprechen, das er seinerzeit Dußler beim Rennersbeck nach dem dritten Viertel Wein gegeben hatte.

Die zehn Tage bis zum Sonntag wurden dem Doktor sehr

lange, obwohl er sich Arbeit genug machte. Er hatte bislang in seinem Leben noch nicht oft Gelegenheit gehabt, darüber nachzudenken, woher der Ausdruck käme: »sich die Zeit vertreiben«. Jetzt dachte er darüber nach, solange er hinter dem Pfluge ging. Die Medizin hatte er vorläufig beiseite geschoben. Eine Vertretung in Urach, um die ihn der Oberamtsarzt und Kollege Mägerle gebeten hatte, lehnte er ab, denn er hätte ja anständigerweise sagen müssen, daß er halb und halb mit der Absicht umgehe, sich auf dem Burrenhof, also mitten in Mägerles Gehege niederzulassen. Da aber dieser Plan noch nicht spruchreif war und wie eine halbblaue Zwetschge in der Luft hing, half Dußler lieber in Hülben und Erkenbrechtsweiler, wo ihn jetzt im Herbst die Freundschaft und Verwandtschaft wohl brauchen konnte.

Von morgens bis abends war er beim Äpfelbrechen, bei der Kartoffelernte, beim Mosten und bei den Schafen. Tagelang ging er beim Hülenbauer hinterm Pflug, wie er es einst als Halbwüchsiger gelernt und geübt hatte. Hinterm dampfenden Pferd in der Herbstfrühe eine Furche nach der andern zu ziehen, war ihm reine Arznei.

Er dachte an seinen Plänen herum: »Wenn sie nein sagt«, trotzte er vor sich hin, »gehe ich ans Tropeninstitut nach Hamburg und dann nach Übersee.« Er war am Ende der langen Furche angekommen und warf den Pflug mit einem Ruck herum, als hätte er all die Jahre nichts anderes getan. »Hü, Brauner«, das Pferd zog an, und die Pflugschar fraß sich wieder in den Boden. »Wenn ich nur wüßte, was sie zur Pistorius sagen wird?« Denn darüber war er sich im klaren, die Geschichte mit der Pistorius mußte er beichten. Man mochte darüber denken, wie man wollte – wie die Schwester Senta darüber dachte, darüber glaubte Dußler keinen Augenblick im Zweifel sein zu müssen. »Der verdammte Jakobiapfel!« Aber das war nun einmal so. Mit der nächsten Furche fingen die Gedanken wieder von vorne an.

»Man schwätzt das ganze Jahr von der Kirbe, auf einmal ist sie da.« So ging es auch mit dem Samstag. Schließlich war er doch da. Am Sonntagmorgen sollte Schwester Senta zu Schwester Marie auf Besuch kommen und dort auch zum Mittagessen bleiben. Brändle war Gast im Dußlerschen Haus. Am Nachmittag wollten dann alle vier miteinander einen Spaziergang hinüber auf den Neuffen machen. Dabei mußte sich eine Gelegenheit für Dußler finden, nach dem zu fragen, was ihm so wichtig war. »Gebe Gott, daß das Wetter gut ist, oder daß es wenigstens nicht regnet«, dachte Dußler während der ganzen Woche immer wieder. Es dünkte ihm unmöglich, das, was er auf dem Herzen hatte, in einem Zimmer loszuwerden.

Aber das Abendrot am Samstag versprach einen guten Sonntag, und der Sonntag löste dieses Versprechen ein. Dußler, der Vater, und Dußler, der Sohn, gingen zusammen zur Kirche. Sie hatten dort ihren angestammten Platz wie alle alten Hülbener. Kleine Metalltäfelchen an den Kirchenbänken zeigen an, wo die Dußler seit altersher das Recht und die Pflicht zu sitzen haben. »Jakob Dußler 1806« stand da, das war der Urahne gewesen, der mit seinen Schafen auf den gleichen Weiden getrieben hatte.

Jakob blickte möglichst unauffällig nach dem Platz der Gemeindeschwester. Dort saßen tatsächlich zwei fünfzipfelige Hauben. Schwester Marie strahlte frisch und rotbackig und nickte unbekümmert und fröhlich zu Dußler hinüber. Schwester Senta schien ihm ein wenig blaß zu sein; aber als sich ihre Blicke begegneten, wurde sie tief rot. Rasch beugte sich Dußler über sein Gesangbuch und schlug eifrig die angesteckten Lieder und Verse nach. Nach dem Gottesdienst wußte Jakob von der Predigt nicht einmal den Text, auch die Lieder, die er doch mitgesungen, hätte er beim besten Willen nicht nennen können. Seine Gedanken waren immer wieder zum Mittag vorausgelaufen, und er überlegte sich wohl zum hundertsten Male, was er sagen sollte.

Vor der Kirchtüre standen die Bauern und Bäuerinnen herum und begrüßten einander. Sie sprachen vom Wetter und frugen nach Obst und Most und Ernte. Dabei genossen sie die späte warme Herbstsonne. Dußler ging zu den Schwestern hinüber, die mit dem Vikar zusammenstanden. Es gab eine herzliche Begrüßung, wie sie bei alten Bekannten üblich ist; doch sprachen alle vier ein wenig mehr und ein bißchen lauter, als zu ihnen sonst gepaßt hätte. Nur Schwester Marie schien unbefangen und vergnügt.

»Um zwei Uhr treffen wir alten Haller uns bei mir. Wir nützen das schöne Wetter aus und machen einen Gang zum Neuffen. Schwester Senta war noch nie da oben, und wer weiß, ob und wann sie wieder einmal da herauf kommt.«

Dußler erhaschte einen fröhlichen und etwas »knitzen« Seitenblick von Schwester Marie, der ihm Mut machte.

»Wenn Ihr wollte, kriegt Ihr nachher noch eine Tasse Kaffee – einen kriegsstarken«, fügte sie hinzu, denn sie war auch drei Jahre lang in einem Kriegslazarett in Frankreich gewesen.

Das Mittagessen bei Dußlers verlief recht einsilbig, und die Wanduhr mit dem lauten Perpendikelschlag gab sich große Mühe, die langen Gesprächspausen auszufüllen. Der Alte sprach sowieso nicht viel, und der Junge hing seinen Gedanken und seinen Sorgen wegen des Mittags nach. Die Haushälterin hatte in fünfundzwanzig Jahren das Schweigen gelernt. Der Vikar allein fühlte sich immer wieder verpflichtet, es mit einem neuen Gesprächsstoff zu versuchen. Er erzählte von seiner Arbeit in Beuren, er berichtete vom Krieg, er frug nach den Schafen. Schließlich begann er mit dem Matthäus Hahn und der Stunde. Es kam aber kein Gespräch zustande.

Gott sei Dank geht auch das schweigsamste Mittagessen einmal zu Ende. Nachdem die alte Uhr eine ganze Stunde tapfer durchgehalten und jede noch so lange Pause unterteilt und ausgefüllt hatte, schlug sie wie mit einem tiefen Seufzer ein Uhr.

Nun standen Dußler und Brändle auf und ließen den alten Schäfer allein, der bis zwei Uhr zur Stunde nach Erkenbrechtsweiler hinüber wollte. Jakob ließ sich von Brändle berichten, und natürlich waren sie in kurzem bei Braut und Verlobung, Stelle und Hochzeit.

»Vikar«, sagte Dußler zum Schluß. »Heut tust du mir den

gleichen Liebesdienst wie ich dir seinerzeit mit Schwester Elfriede und übernimmst das Störungskommando. Wenn bei mir heut' alles gut geht, schlage ich heute Abend die Sterne vom Himmel. Wenn es schief geht, melde ich mich morgen in Hamburg an.«

Es ist ein angenehmer Weg von Hülben auf den Hohen Neuffen. Nur selten hat man es nötig, sich mit einem »bergan« zu plagen; und immer wieder belohnt einen die schönste Aussicht. Einmal durch den Wald, dann wieder dem Waldrand entlang windet sich der schmale Fußpfad durch Gras und Unterholz. Zwischen den Bäumen tauchte in der Ferne die Achalm und der Roßberg oder auch der Jusi auf. Ab und zu sieht man sogar über das ganze weite Land hin bis zu dem blauen Streifen des Schwarzwaldes. Fast könnte man auf den Gedanken kommen, es hätte jemand mit viel Geschick den Weg so angelegt, daß man auf die letzte Aussicht vom Neuffen aus neugierig würde. Ein paarmal ist für kurze Zeit der Neuffen selbst zu sehen. Fels und Mauer fließen ineinander über, so daß man gewachsen und gebaut nicht sicher unterscheiden kann. Da liegt er auf seinem Felsvorsprung wie ein schwäbischer Dickkopf oder – noch besser – wie eine lässig, aber drohend geballte Faust, die zu der weiten Ebene hinuntertrotzt. Es will einem beim Betrachten nicht recht in den Kopf hinein, daß diese stolzen eigensinnigen Trümmer so gar keine berühmte Geschichte haben sollen, daß sie nichts erzählen können von tapferer, hartnäckiger Verteidigung wie der Hohentwiel im Hegau, oder von wütendem Sturm und Brand wie der Helffenberg, ja nicht einmal von einem großen Geschlecht wie die Nachbarn im Süden und Norden, die Hohenzollern und die Staufen.

Der Weg bleibt meist so schmal, daß man gezwungen ist, hintereinander drein zu gehen. Dabei kommt es dann freilich nur schwer zu einem guten Gespräch. Das merkte auch Dußler. Er zeigte zwar, was zu zeigen war. Albtrauf und Berge, Ortschaften und Täler. Aber es blieb hinter allen Worten und Sätzen ein Unausgesprochenes in der Luft schweben. Plötzlich unterbrach er sich selbst: »Schwester Senta, vermutlich sind Sie weder wegen des Neuffens noch wegen des Albtraufs da heraufgekommen und auch nicht wegen der Schwester Marie oder wegen der Predigt. Ich möchte Sie etwas fragen, aber dazu müssen wir stillsitzen und nicht hintereinander herlaufen. Ich schlage vor, wir warten damit, bis wir oben sind. Einverstanden?«

»Ja, Herr Dußler«, antwortete Senta, und Dußler merkte wohl, daß sie den Doktortitel weggelassen hatte. Nun war ihm freier zumute, und er zeigte weiterhin auf Berg und Tal und Felsen. Nach einer guten Dreiviertelstunde kamen sie auf dem Neuffen an.

Schwester Marie mit ihren sechzig Jahren war doch schon ein bißchen kurzluftig – oder tat sie nur so? Auf jeden Fall ging sie sehr langsam neben dem Vikar hinter den beiden her, und auch dieser gab sich keine Mühe, das Tempo zu beschleunigen. So verloren sie bei dem vielgewundenen Weg Schwester Senta und Dußler bald aus den Augen. An einer Stelle, wo man den schönsten Blick auf die alte Festung und den Albtrauf nach Süden zu hat, blieb Schwester Marie stehen und meinte: »Hier ist es warm, und die Aussicht könnte gar nicht schöner sein. Ich denke, wir sitzen eine Weile auf den Felsen. Sie müssen mir noch viel von Hall erzählen, vor allem von dem letzten Jahresfest, zu dem ich nicht habe fahren können.«

Brändle war sehr einverstanden. Er nahm neben Schwester Marie Platz, gegenüber von Neuffen und Achalm, und gab sich Mühe, recht ausführlich, anschaulich und breit zu berichten. Jedem von den beiden machte es offenbar Freude, daß es ihm so gut gelang, das andere aufzuhalten.

In der Zwischenzeit hatte Jakob Schwester Senta an einen geschützten Platz geführt; denn die Herbstsonne wärmte nur, wo der Wind nicht hinkam. Sie schwiegen in das Herbstland hinaus. Da fing Dußler an:

»Sie wissen wohl, Schwester Senta, warum Schwester Marie Sie eingeladen hat?«

»Ja, sie hat mir alles geschrieben.«

»Und Sie sind trotzdem gekommen?« Nun fiel Dußler fast hörbar ein Stein vom Herzen.

»Daß Sie nur gekommen sind«, wiederholte er und nahm ihre Hand, die sie ihm ließ.

»Ich bin heraufgekommen, weil ich weiß, was Sie mich fragen wollen. Ich habe ja nun zehn Tage Zeit gehabt, um mir das alles durch den Kopf gehen zu lassen. Ich bin heraufgekommen, weil ich mit Ja antworten will.«

Dußler war völlig verwirrt. Alles, was ihm so schwierig, so furchtbar kompliziert erschienen war, das brachte diese Frau mit ein paar Worten in Ordnung, so wie man eine Tischdecke oder ein Kleid mit geschickter Hand glattstreicht. Er war wie benommen. Noch nach vielen Jahren dachte er an diese Viertelstunde und seine völlige Unsicherheit zurück. Jetzt hätte er doch einfach das Mädchen in den Arm nehmen müssen und ihm einen Kuß geben – aber – Schwester Senta erriet seine Gedanken.

»Nein, Jakob. Einen Kuß darfst du mir jetzt nicht geben und bitte, nimm mich auch nicht in den Arm, solange ich Haube und Tracht trage. Heute muß dir meine Hand genug sein. Die Haube ist zwar nicht heilig und die Tracht auch nicht, aber sie ist doch der Ausdruck für eine ganz bestimmte Lebenshaltung, zu der ein Kuß ebenso wenig paßt wie daß man sich in den Arm nimmt. Heute muß es dir reichen, wenn ich dir sage: ich hab' dich lieb und will deine Frau werden, Jakob!«

Dußler begnügte sich also folgsam mit der Hand. Als er diese küßte, erhob Schwester Senta keinen Einspruch. »Ich muß aber noch etwas beichten«, begann Dußler wieder nach einer langen Pause, und er erzählte die Geschichte von den Jakobiäpfeln. Er machte sich nicht besser und nicht schlechter, als er war. Er hob auch nicht alle Schuld auf die Doktorin. »So war es«, hörte er auf.

Senta schwieg und sah angestrengt in die Ferne, als wollte sie unter allen Umständen ausmachen, ob man heute den kleinen Kegel der Wurmlinger Kapelle sehen könnte, bis Dußler etwas zaghaft frug:

»Magst' mich jetzt nimmer? Nimmst du mich jetzt nicht?«
In seiner Stimme schwang aber trotz aller Frage schon die Zuversicht. Schwester Senta sah ihn lange wie prüfend an, dann aber lachte sie:
»Du bist ein grausiger Dinger, Jakob. Ich fürchte, ich muß aufpassen, daß du deine Hände von den Jakobiäpfeln läßt.«
»Nein, Senta, ich halte mich an deine Goldparmenen.«
Nun hätte sie ihm doch, trotz aller guten Vorsätze, einen Kuß gegeben, wenn die gestärkte Haube bei der plötzlichen Bewegung nicht warnend geraschelt hätte.
Jakob berichtete vom Burrenhof und von seinen Plänen.
»Übers Jahr kann Hochzeit sein«, schwärmte er, »bis dahin ist der Burrenhof fertig und deine Aussteuer auch, und bis dahin habe ich auch noch das Notwendige zugelernt. Du kannst solange bei der Hülenbäuerin in Erkenbrechtsweiler wohnen. Das ist meine Dote. Die Leute sind recht, und du lernst dann gleich Land und Leute kennen.« Dußler hatte damit gerechnet, daß Senta kein Vermögen habe, und bot ihr sein Sparbuch für die Aussteuer an.
»Von dir würde ich es nehmen, Jakob, aber ich brauch' es nicht. Wir haben in Gumbinnen noch eigenen Boden. So habe ich etwas durch die Inflation gerettet.«
»Ich würde dir gerne deinen Gang nach Hall abnehmen«, sinnierte Dußler. Aber Senta nahm dieses Angebot nicht ernst:
»Erstens geht das überhaupt nicht. Es wird auch ganz gut sein, wenn du dem Pfarrer Hartwig eine Weile nicht begegnest. Zweitens, ich muß in Hall doch selbst Abschied nehmen, denn ich verdanke dem Mutterhaus mehr als manche andere Diakonisse. Sie werden mir mein Ausscheiden freilich übelnehmen, aber vielleicht verstehen sie es irgendwo in ihrem Herzen besser, als sie es wissen.«
Der Abend kam herbstfrüh. Die Schatten wurden länger, und auch an dem windgeschützten Plätzchen auf der mittleren Bastei wurde es kühler.
»Nun weiß ich wenigstens, für wen ich vor drei Jahren da

oben meine Verse gemacht habe«, dachte Dußler und sprach sie langsam vor sich hin:

> »Einmal möcht' ich einen lieben, langen Tag
> ganz allein mit dir durch Sommerlande schreiten,
> über Weid' und Hügel geh'n
> und vom Albfelsrand in blaue Weiten
> fernhin seh'n.
> Einmal einen lieben, langen Tag,
> wenn der Fuß vom Gras streift frischen Tau
> in der ersten Lerchenfrühe,
> wenn am Mittag aus dem dunkeln Blau
> Sommerhitze quillt und Erntemühe,
> wenn am Abend früher Schatten Länge
> alle Unrast schwaigt und alle Enge
> und nur umrißgroß die Berge steh'n.
> Einmal möcht' ich einen lieben, langen Tag
> ganz allein mit dir durch Sommerlande geh'n.«

»Komm, Jakob, es wird Zeit, und nächsten Sommer ist es so wie in deinem Gedicht.«
Den Vikar und Schwester Marie trafen sie auch im Aufbruch. Schwester Marie sah gleich an Dußlers Augen, wohin der Hase lief, und frug den Doktor:
»Nun, Jaköble, was machen deine Afrikapläne? Wann fährst du nach Hamburg?«
»Am Bembemberlestag, wann d'Eule bocket, Schwester Marie. Ich bleib' im Lande und nähre mich redlich. Im nächsten Jahr ziehe ich auf den Burrenhof und«, flüsterte er ihr halblaut ins Ohr, »an Sommerjohanne ist Hochzeit!«
Der Vikar und Dußler begleiteten Schwester Senta auf den Uracher Bahnhof, denn am Sonntag fuhr kein Postomnibus. Sie mußten sich alle drei die Hand geben, damit niemand falle, so dunkel war die Nacht, ehe der Mond heraufkam. Als aber das Zügle glücklich abgeschnauft war, Metzingen zu, sagte der Doktor:

»Johannes, heut' kann ich weder trinken noch schwätzen, heut' muß ich laufen. Läufst du mit? In einer halben Stunde kommt der Mond herauf.«
Johannes machte mit. Auch ihm war das Herz noch voll, denn er hatte sich um den Freund und um den Ausgang dieses Tages große Sorgen gemacht.
So marschierten die beiden schweigend in die sinkende Nacht hinein. Zum Sonnenaufgang saßen sie auf der Achalm.
»Johannes, ich dank' dir auch schön.« Das war das erste, was Dußler während und nach dem langen Marsch gesprochen hat.
»Jetzt bin ich müd' wie ein Karrengaul am Samstagabend. Wir steigen nach Reutlingen hinunter, und du fährst heim auf deine Pfarre und ich auf meinen Burrenhof. An Sommerjohanne ist Hochzeit, und du hältst die Predigt.«

SOMMERJOHANNE

Dußler hatte sich noch da und dort umgesehen, in Tübingen in der Frauenklinik bei August Maier; in Freiburg in der Chirurgischen bei Lexer. In ein paar großen Landkrankenhäusern war er noch je ein paar Wochen gewesen. Gegen Lichtmeß aber kam er heim, um seinen Burrenhof umzubauen. Wartezimmer, Untersuchungszimmer, Behandlungszimmer kamen ins Erdgeschoß, sogar mit einem eigenen Eingang. Die Wohnung entstand einen Stock höher mit einer holzverdeckten Treppe an der Hauswand, wie man das bei vielen Dorfkirchen als Aufgang zur Empore sieht. Das Schönste an der ganzen Wohnung war ein großes Fenster im Wohnzimmer mit freier Sicht auf die Teck. »Weißt du«, schrieb Jakob an den Vikar, »der Blick auf meinen Neuffen wäre mir ja noch lieber gewesen. Aber diese Aussicht gibt es auf dem Burrenhof nicht. Auch die Teck ist ein ganz anständiger Buckel und mir ein recht sympathischer Nachbar.«

Um Sommerjohanne war nach altem Brauch an einem Donnerstag die Hochzeit. Der Vater Dußler ließ sich nicht lumpen. Diese Schwiegertochter war eine richtige Hochzeit wert. Das halbe Dorf war eingeladen. In aller Morgenfrühe fuhr der Brautwagen los. Zwar war der Burrenhof ganz eingerichtet. Aber wenigstens das Schlafzimmer wurde nach der Sitte morgens auf den Hof gefahren. Als Kutscher fuhr ein Hülbener Schäfer im blauen Hemd mit fliegenden Bändern am Hut und mit einer knallenden, geschmückten Peitsche. Um die Bettpfosten wanden sich grüne Girlanden mit roten Bändern. Auf zwei Leiterwagen war alles verladen, und es war nichts vergessen worden, auch nicht das Spinnrad und auch nicht die Wiege.

Auf dem ersten Wagen thronten Braut und Bräutigam. Dort, wo die Straße sich teilt, am Burrenhof, johlte und schrie eine Schar Kinder, die mit farbigen Bändern den Weg versperrte. Ein kleiner, resoluter Knirps, ebenfalls im Blauhemd, stellte sich breitbeinig vor den Wagen und schrie:

»Herr Doktor, löst Euch aus,
sonst kommt Ihr nicht ins Haus.
Ihr werdet doch die Braut net kränke
und uns auch was zur Hochzeit schenke.
Mir wünschet Glück und Sonn und Rega
und in der Wieg'n Kindersega.«

Jakob strahlte über das ganze Gesicht wie ein rechter Hochzeiter und antwortete in Reimen:

»Ich dank' Euch recht, ich und mein Schatz.
Jetzt aber macht dem Wage Platz.
Die Kuche sind im Säckle
und jedes kriegt a Päckle.«

Nun sangen die Kinder den alten Spielvers:

»Machet auf das Tor, machet auf das Tor!
Es kommt ein gold'ner Wagen.
Wer sitzt darin, wer sitzt darin?
Ein Mann mit gold'nen Haaren.
Was will er denn, was will er denn?
Er will die Senta haben.«

Singend gaben die Kinder den Weg frei und stürzten sich dann auf Kuchen und Geschenke, die die Hochzeiter austeilten. Gleich war eine vergnügliche Balgerei im Gange.
Senta stieg vorsichtig ab, um nicht den Schleier zu zerreißen, was ein gar zu schlechtes Vorzeichen gewesen wäre. Sie nahm einen Pack Leinwand auf den Arm und trug ihn vorsichtig, ungestreift, wie es die Sitte vorschreibt, ins Haus. Dann regten sich viele hilfreiche Hände, so daß schon nach einer halben Stunde das ganze Zimmer eingeräumt und mit Blumen geschmückt war. Auf den zweiten Wagen stiegen nun die Musikanten, die sich in der Zwischenzeit eingefunden hatten. Es waren lauter Schäfer im Blauhemd und schwarzen Hut mit Flöte, Klarinette, Fagott und Trompete. Was an Kindern noch Platz fand, stieg dazu. Der Musikantenwagen fuhr voraus und der mit dem Brautpaar hinterdrein. Als die Pferde über die Ortsgrenze trabten, krachten die Böllerschüsse, und die Kirchenglocken fingen an zu läuten. Die Pferde erschraken und machten einen gewaltigen Satz, so daß die Kinder vor Angst und Vergnügen schrien.
Zur Trauung ging alles in langem Zuge – zu Fuß. Der Herr Pfarrverweser Brändle von Beuren hielt vor der gestopft vollen Kirche die Predigt. Die kam von Herzen, und so wird sie wohl zu Herzen gegangen sein, auch wenn die Brautleute manchmal mit ihren Gedanken anderswo waren.
Den Text hatte sich die Braut herausgesucht, und Jakob war einverstanden gewesen: »Denen, die Gott lieben, müssen alle Dinge zum Besten dienen.« Brändle sprach von dem bösen Wind, der die Braut von den Masurischen Seen an den Kocher geweht, und von dem andern, der den Bräutigam von der Alb

nach Hall entführt habe. Da horchte Senta auf. Das hatte sie doch schon einmal vor drei Jahren an ihrem Geburtstag gehört.

Der Kirchenchor sang, die Orgel dröhnte, beim Vaterunser läuteten die Glocken, und dann standen die Brautleute wieder in der hellen Sonne vor der Kirche und nahmen die Glückwünsche der ganzen Gevatterschaft und Freundschaft entgegen.

Die Hochzeit war im Lamm ausgerichtet. Obenan saßen Braut und Bräutigam, neben ihnen die Hülenbäuerin, die die Brautmutter vertrat, und der alte Immanuel Dußler im langen, schwarzen Gottestischrock. Es gab das für einen solchen Tag herkömmliche Essen: Flädlessuppe, Rindfleich mit Beilagen, Braten, Spätzle und Salat und dann Kuchen aller Art, die auf langen Tischen bereitstanden. Der Wirt schenkte einen Neuffener Täleswein von einem guten Jahrgang aus. Ehe der Kaffee aufgetragen wurde, spielten die Musikanten einen alten Schäfertanz, während zwei Schäferinnen auftraten und ein selbstgewobenes Wolltuch überbrachten:

> »*Die Wolle ist von unsern Schafen.*
> *Wir haben gesponnen, wann andere schlafen.*
> *Wir haben das Tuch auch selber gewoben,*
> *nun müßt Ihr uns und die Schafe loben.*«

Der Bräutigam erhob sich:

> »*Wir danken den Webern, wir danken den Spinnern,*
> *das Tuch soll uns immer an Euch erinnern.*«

Dann kamen zwei Weber:

> »*Wir sind Weber und wir meinen,*
> *Wolle ist kratzig und grob,*
> *drum bringen wir Euch Leinen*
> *und hoffen auch auf Lob.*«

Jakob antwortete sofort:

> *»Den Leinewebern sagen wir Dank,*
> *wir loben das Linnen frei und frank.*
> *Wenn eine Braut kein Leinen hätt',*
> *ging niemand gern mit ihr zu Bett!«*

Der ganze Saal jubelte über das fröhliche Spiel mit Versen und Reimen, das so ganz nach des Bräutigams Herzen war. Es traten noch Schäfer auf mit Lämmern, Bäcker mit Kuchen, Metzger mit Würsten und Küfer mit einem Fäßchen. Jeder hatte seinen Vers. Der alte Dußler hatte sich das Ding etwas kosten lassen. Der junge Schulmeister im Dorf hatte ihm für neue Verse gesorgt, wo alte fehlten. Jakob blieb in seiner Feiertagsstimmung keine gereimte Antwort schuldig. Nur einmal verschlug es ihm die Rede und er gab nur die Hand und sagte langsam: »Wir danken auch recht schön.«

Das war, als Schwester Marie mit einer »Hochzeitsschenkete« kam.

Mitten in all den Hallo und die Lustigkeit hinein war Schwester Marie erschienen im schwarzen Feiertagskleid mit frisch gestärkter Haube und Schürze. Sie trug einen Packen schneeweißer Laichinger Leinwand vor sich her, der von roten Seidenbändern zusammengehalten wurde. Es sah aus, als brächte sie ein Kind zur Taufe.

Alles rief durcheinander: »Die Schwester Marie!« »Ja, was will denn die?« »Und so feierlich!« Als die Verwunderung und das laute Fragen langsam verebbten, sagte sie tapfer ihren Spruch auf, ein paarmal zitterte ihre Stimme ein wenig, aber nur ganz kurz; und um ihrer Rührung Herr zu werden, sprach sie ihre selbstverfaßten Verse hart und grob:

> *»Im Mutterhaus z'Hall isch a Dochter vert'loffe,*
> *se dont dort aber emmer no hoffe,*
> *se käm' emol wieder, zum Gruß, net zum Pflega,*
> *einstweila wensch i Dir Gottes Sega.*

> *Es grüßt durch mich das Mutterhaus,*
> *es grüßen alle Schwestern.*
> *Wir wünschen der Frau Doktorin*
> *für morgen das Glück von gestern.«*

Schwester Marie legte ihren Leinwandpacken feierlich auf den Tisch, auf dem die Geschenke aufgebaut waren, und nun sah das Brautpaar, daß unter dem einen Rosaband ein Brief stak. Dußler nahm ihn heraus. Es war im ganzen Saal mäuschenstill, denn alle wußten oder ahnten wenigstens, daß hier ein wunder Punkt sei, an den man besser nicht rührte.
Das Brieflein war kurz. Als der Bräutigam es gelesen hatte, bat er mit leicht belegter Stimme den Vikar, er möge die paar Zeilen vorlesen. Brändle putzte umständlich seine Brille, stand auf und las:

»Liebes Brautpaar! Daß wir froh sind, daß eine solche Feier nicht jeden Tag stattfindet, werdet Ihr wohl verstehen. Wir hoffen aber auch, daß Ihr trotzdem unserer Versicherung glaubt, daß wir uns von Herzen mitfreuen. Wir wünschen Gottes Segen und hoffen, daß die Leinwand in Eurem Hause viele gute Tage sehen möge.
Für das Mutterhaus: Pfarrer Hartwig,
für die Schwesternschaft: Frau Oberin Emilie Weigle.«

Dem Bräutigam hatte es wirklich für ein paar Augenblicke die Stimme verschlagen. Er stand auf und gab Schwester Marie noch einmal die Hand. – Aber dann zuckte es schon wieder um seine Augenwinkel, und er hob das halb gefüllte Glas:

> *»Nachdem in Hall das Mutterhaus*
> *verziehen hat uns diesen Graus*
> *und gibt uns seinen Segen*
> *und will auch für uns beten,*
> *soll Schwester Marie heute hier*
> *und wenn sie will auch für und für*
> *die Brautmutter vertreten.«*

Dußler trank aus und schob zwischen die Hülenbäuerin und sich einen Stuhl ein, auf dem Schwester Marie Platz nehmen mußte, dieweil der ganze Saal in die Hände klatschte.
Als das Tanzen anfing, frug Dußler seine Braut: »Kannst tanzen?« Und siehe da, zu einem Walzer reichte es bei beiden aus. Einmal tanzte Dußler mit der Brautmutter. Das war aber dieses Mal die Hülenbäuerin und nicht die Schwester Marie. Der Vater Immanuel, der nicht tanzte, setzte sich so lange an des Sohnes Platz neben die Schwiegertochter.
Gegen Abend gingen Jakob und Senta weg, als der ganze Raum voll Trubel, Singen und Tanzen war. Die Musikanten spielten gerade auf. Kaum einer der Gäste merkte, daß das Brautpaar den Saal verließ. Dußler hatte sich seinen Wagen kommen lassen. Die Pferde waren schon im Geschirr, und der Doktor fuhr mit seiner jungen Frau zum Burrenhof hinüber. Zum Vater hatte er gesagt: »Hochzeitsreise machen wir keine. Das heben wir uns auf. Jetzt wird zuerst einmal gearbeitet und Geld verdient. Morgen mittag schellt der Büttel die Praxis aus.« Tatsächlich wurde am andern Tag in Hülben und Erkenbrechtsweiler ausgeschellt: »Bim, bim, bim, hiermit wird jedermann kund und zu wissen getan, daß der Doktor Jakob Dußler auf dem Burrenhof, wohnhaft ebenda, sich als praktischer Arzt und Geburtshelfer niedergelassen hat. Er ist zu allen Kassen zugelassen. Sprechstunde täglich, außer sonntags, von 10 bis 12 Uhr. Für das Oberamt: Der Oberamtsarzt, Dr. Mägerle.«
Als Dußler am Burrenhof vorfuhr, warf er dem Knecht die Zügel hin und half seiner jungen Frau vom Wagen. »Grüß Gott, tritt ein, bring Glück herein!« sagte er und nahm sie plötzlich mit einem Ruck auf seine beiden starken Arme. In einem Zug trug er sie die ganze Treppe hinauf und setzte sie erst vor der Zimmertüre ab. »Sodele«, sagte er aufatmend und gab ihr einen handfesten Kuß.
»Hast du noch Hunger, Jaköble«, fragte Senta, nachdem sie sich umgezogen hatte und mit ihm zum Fenster hinaus nach der Teck hinübersah, deren Felsen im vollen Abendschein leuchteten.

»Hunger? Nein Senta, nach dem Tag bin ich satt wie – ich weiß keinen Vergleich.«

»Schad', Jaköble – ich hätt' dir noch etwas Gutes gehabt, ich hab dir's auf den Schreibtisch gestellt.«

Nun wurde Dußler neugierig. Die Senta hatte irgend etwas in ihrer Stimme, das anders klang als sonst. Er ging hinüber ins Zimmer nebenan. Auf der Schreibtischplatte fand er, mitten auf einem weißen Tuch, einen schönen Holzteller, wie man ihn wohl fürs tägliche Brot zu benützen pflegt. Drauf lag ein großer, tadelloser Apfel. Er war aber rotbackig und kein Jakobiapfel.

Am nächsten Morgen gingen die beiden auf den Neuffen. Diesen Hochzeitsausflug hatte sich Senta gewünscht, und so war es Dußler recht. Sie setzten sich auf Jakobs angestammten Platz. Keine Haube und keine Tracht konnte nun Dußler daran hindern, »sein Mädle« in den Arm zu nehmen und ihr »vis-à-vis von halb Württemberg, vis-à-vis der ganzen deutschen Kaisergeschichte«, wie er sagte, einen Kuß zu geben.

»Du, Senta?«

»Ja?«

»Weißt du, was mich freut? Daß das Lied, das wir im Kochertal letzten Herbst beim Schwesternausflug gesungen haben – daß das Lied recht behalten hat.«

»Wieso? Welches?« fragte Senta harmlos, denn sie kannte sich mit Dußlers Schnurren noch lange nicht genügend aus.

»Ich meine die Stelle aus dem Lied ›Wenn alle Brünnlein fließen‹: ›Vom Köpfle bis zum Füßele ist alles wohl bestellt‹«, sang Dußler überlaut vom Felsen hinunter.

»O du grausiger Dinger«, rief sie und schüttelte ihn ärgerlich und verliebt an seinem Haarschopf.

ERLÄUTERUNGEN

STUNDENLEUTE (zu Seite 11)

Friedrich Baum schrieb in seinem Buch »Das schwäbische Gemeinschaftsleben« folgendes: »Württemberg ist das klassische Land der Gemeinschaften oder ›Stunden‹, und das vor allem verleiht ihm den Ruf einer besonderen Frömmigkeit. Jedenfalls hat es diesen Ruf erst seit den Tagen des Pietismus. In keinem anderen deutschen Land hat diese Art der Herzensfrömmigkeit einen solch günstigen Nährboden gefunden, so tief Wurzel geschlagen und eine solch gedeihliche und gesunde Entwicklung genommen wie im Schwabenland. Was wollte der Pietismus? Er wollte, wie sein Gründer, Phil. Jak. Spener (1635–1705), es ebenso schlicht wie treffend ausdrückte: ›Den Kopf ins Herz bringen‹ – anstatt einer bloßen Rechtgläubigkeit die rechte Gläubigkeit in der vielfach erstarrten Kirche seiner Zeit wieder wecken ... Vor allem sollte mit dem echt lutherischen Grundsatz des ›allgemeinen Priestertums aller Gläubigen‹ Ernst gemacht, die Laien sollten zur Selbständigkeit erzogen werden. Das geschah hauptsächlich durch Einrichtung von Privaterbauungsstunden oder Konventikeln, die bald das Wahrzeichen der neuen Bewegung wurden ...«

SAUFENDE UND BETENDE LINIE (zu Seite 49)

Diese boshaft heitere Einteilung ist in Tübingen tatsächlich für die Familie Knapp eine Zeitlang gang und gäbe gewesen. Natürlich hätte man sie ebenso gut auf viele andere der alten württembergischen Beamtenfamilien anwenden können, z. B. auf die Zeller oder Köstlin oder Pfleiderer oder Plank, um nur ein paar zu nennen. Zieht man die bei witzigen Bemerkungen übliche Übertreibung ab, so bleibt: Es gibt in solchen Familien Zweige, die mehr dem fröhlichen Leben und solche, die mehr einer frommen Haltung zugewandt sind. Ihre studierenden Mitglieder tragen dann – je nachdem – eher die rote Mütze der »Roigel«, die weiße der Normannen, die schwarze des Wingolf oder die blaue der Nikaren, oder sie gehen gar farb- und mützenlos wie die Luginsländer und die Mitglieder des Bibelkreises.

FAULHABER UND DIE
DIAKONISSENANSTALT SCHWÄBISCH HALL (zu Seite 62)

Pfarrer Hermann Faulhaber »war ein Mann, tief durchdrungen von warmer christlicher, sozialer Gesinnung« (L 11). Ihm liegt vor allem die Not des Landvolkes am Herzen. Er steckt voller Reformideen. Sein Büchlein DREI SOZIALE FRAGEN, UNSER LANDVOLK BETREFFEND (1892) ist am Geist der Zeit um 1900 gemessen sehr fortschrittlich und weitblickend. Im ersten Aufsatz fordert er, allerdings als staatliche Einrichtung, ungefähr das, was heute die Landwirtschaftlichen Genossenschaften darstellen. Er spricht von »Landesversorgungsämtern«, die für den An- und Verkauf von Vieh und Futtermitteln unter Ausschaltung der Spekulation zu sorgen hätten, und er weiß damals schon von der Notwendigkeit der Lagerhäuser. Dabei blickt er (1892) über die Landesgrenzen hinaus und denkt schon europäisch. Er überlegt, daß durch solche Organisationen »internationale Komplikationen« entstehen könnten, und schreibt wörtlich: »Es ist ja doch auch eines der schönsten Ziele für die ganze Zukunftsentwicklung unserer modernen Staaten, für sie alle eine große Einheit zu suchen in der Interessengemeinschaft aller untereinander, einen gegenseitig fördernden Ausgleich für alle ihre Güter, für den Überfluß in dem einen und den Mangel in dem andern Land, Reich oder Weltteil.«

Der zweite Aufsatz, mit zahlreichen Fotografien wie ein moderner Reporterbericht aufgemacht, erzählt von der Armenbeschäftigung, die er mit seiner Geldbörsenindustrie einführte.

Im dritten Aufsatz geht es um die »Krankenpflege auf dem Lande«. Zu jener Zeit gab es zwar in Städten und Krankenhäusern Diakonissen, aber nicht auf dem Lande, wo sie mindestens ebenso notwendig gewesen wären. Deshalb gründete Faulhuber das Diakonissenhaus in Schwäbisch Hall. Von Anfang an steht die Gemeindeschwester als Ziel und Ergebnis der Arbeit im Vordergrund. Faulhaber will, daß die Arbeit der Schwestern unentgeltlich getan werden soll. Er, der so praktisch denken kann, verläßt sich auf die Dankbarkeit und Gebefreudigkeit derer, die gesund bleiben dürfen. Natürlich ist er bald verlassen. Als aber sein Nachfolger, Pfarrer Weißer, von den Gemeinden eine bescheidene Bezahlung für die Arbeit der Schwestern verlangt, zeigt sich, daß alle Gemeinden, bis auf eine einzige, ihre Schwester behalten wollen – ein Beweis dafür, wie richtig Faulhaber mit der Schaffung der Pflegearbeit auf dem flachen Lande gesehen hatte. Es zeigt sich aber auch ein zweites: Diese Bezahlung trägt wesentlich zur raschen Genesung der Finanzen der Anstalt bei (L 26). Am 1. Februar 1886 wurde das Diakonissenhaus eröffnet, 1899 bestanden schon 36 Gemeindestationen.

Faulhaber, »ein überaus erfindungsreicher Kopf«, wie ihn Lotze einmal nennt (L 22), gründete nach Gustav Werners Vorbild als finanziellen Rückhalt des Diakonissenhauses und als Hilfe für verarmte Gemeinden

die Drahtbörsenindustrie, die anfangs recht gut florierte,

die Buchhandlung für Innere Mission, in der Faulhabers eigene Bücher und Aufsätze erschienen, die sich meistens mit der Wiederkunft Christi befaßten,

die Beschlägfabrik in Westheim, deren Nachfolgefirma heute noch besteht.

Faulhaber war aber kein Kaufmann. Er geriet mit einer mangelhaften Buchführung in wenigen Jahren in einen Bankrott hinein, der noch schlimmer wurde, als er versuchte, ihn abzuwenden. Er riß ein Loch auf, um ein anderes zu stopfen. Bald waren diese unzulänglichen Rettungsversuche an der Grenze

des Strafbaren angelangt. Es dauerte nur noch kurze Zeit, bis diese Grenze überschritten wurde.
Am 26. April 1900 wurde Faulhaber wegen »einfachen Bankrotts und wegen vier Vergehen des vollendeten Betrugs« zu Gefängnis verurteilt und noch im Gerichtssaal verhaftet. Als strafmildernd wurden ihm seine Verdienste um die Gründung der Diakonissenanstalt und »sein edles Streben« anerkannt. (Der Prozeß Faulhaber–Herwig, Verlag der Buchdruckerei Greiner, Schwäbisch Hall, 1900.) »Am 20. April 1899 mußte Faulhaber für seine ganze Industrie den Konkurs anmelden und wurde vom Verwaltungsrat seines Amtes als Leiter der Anstalt enthoben.« Nachfolger wurde Pfarrer Weißer. »War auch die Anstalt vermögensrechtlich durch den Konkurs in keiner Weise berührt, so war doch im Zusammenhang damit das Haus in seinen Fugen erschüttert.« (L 23.) Immerhin hatte auch die Anstalt bei einem Besitz von etwa »285 000 Mark an Gebäuden, Grundeigentum und Mobilar« 202 350 Mark Schulden (L 25). Unter der Leitung von Pfarrer Weißer erholten sich das Ansehen und die Finanzlage der Anstalt in sehr kurzer Zeit.
Schon 1901 wurde der Faulhabersche Gedanke einer nur drei- bis vierjährigen Diakonissenzeit aufgegeben. »Die Schwestern sollen vielmehr bei ihrem Eintritt damit rechnen, daß sie einen Lebensberuf ergreifen, der ohne zwingende Gründe nicht wieder aufgegeben werden soll.« Im Gegensatz dazu hatte Faulhaber 1892 in seinem kleinen Büchlein DREI SOZIALE FRAGEN, UNSER LANDVOLK BETREFFEND geschrieben: »... viel mehr Töchter aller Stände willens werden könnten, wenigstens für einige Jahre ...«, und »... es sind solche genau so gute echte und rechte Krankenschwestern, wie andere, welche auf Zeit ihres Lebens in diesem Beruf bleiben wollen.«
(L = zitiert nach der Festschrift der Evang. Diakonissenanstalt 1936, verfaßt von Pfarrer Wilhelm Lotze. Die Zahl gibt die jeweilige Seitenzahl an.)

BUCH VON HERMANN FAULHABER (zu Seite 63)

Der Titel heißt: DAS GOLDENE ZEITALTER DER ZUKUNFT. Eine Erzählung aus den Jahren 2000 bis 2300. Mit 24 Bildern von Oskar Herrfurth. Schwäbisch Hall, 1896. Verlag der Buchhandlung für Innere Mission. 728 Seiten mit 8 Seiten Noten und Text eines Liedes »Lied einer Blinden«.
Härle hat wohl recht, wenn er das Buch für ungenießbar hält. Es beschäftigt sich in Romanform mit der Wiederkunft Christi. Es ist kaum möglich, das Buch zu lesen, ohne daß einen die unfreiwillige Komik zum Lachen reizt. Die Bilder im Geschmack der Jahrhundertwende tun dazu ein übriges. Hin und wieder begegnet man aber recht modernen Gedanken. U. a. wird der Arbeitsdienst geschildert, so daß man auf den Gedanken kommen könnte, seine Begründer im Jahre 1932 hätten von diesem Buch gewußt.

DIE HAUBE (zu Seite 78)

Mit ihr hat es eine besondere Bewandtnis. Sie stammt aus dem Mittelalter und ist dort die Tracht der verheirateten Frau. Katholische Ordens- und Schwesternverbände übernehmen sie als Kopftracht. Seither kann man auf zwei verschiedene Arten »unter die Haube kommen«: durch Heirat und durch Zölibat. Die Ordensschwester wird bei der Einsegnung dem »himmlischen Bräutigam« verlobt; sie erhält den Verlobungsring und »kommt unter die Haube«. Wie die Haube im Mittelalter jedermann und jedem Mann sagte: das ist eine verheiratete Frau, also eine, die schon jemandem gehört – so sagt die Ordenshaube: das ist eine Frau, die dem himmlischen Bräutigam gehört. Diese Symbolkraft bleibt der Haube auch beim Wechsel der Konfession treu, ja sogar der kleinen Haube der freien Schwester. Nichts hat, selbst in Zeiten, in denen alles drunter und drüber ging, besser gegen alle Angriffe geschützt als die Schwesternhaube. Nur dort, wo der Angriff auch der Kirche oder der kirchlichen Weltanschauung galt, war die Trägerin der Haube gefährdet. Die Schwesternhaube ist eine in mehrfacher Hinsicht interessante Tracht. In psychologischer Hinsicht: Von jeher galt das Haar als besonderer weiblicher Schmuck. Die Haube verdeckt ihn. Noch bis um die Jahrhundertwende gilt: wer einer Frau die Haare abschneidet, nimmt ihr die Ehre. Die Tiefenpsychologie seit Freud weiß darüber einiges auszusagen. In soziologischer Hinsicht: Wer unter die Haube kommt, ist versorgt, als Ehefrau oder als Schwester. Und schließlich: Wer unter der Haube ist, ist für keinen Mann mehr zu haben.

Die Bedeutung der Haube lebt, wie alle Symbole, nicht zuletzt aus dem Unbewußten. Ich weiß von einer alten ehrwürdigen Diakonisse, die sich beim Eintritt eines Fremden unter dem Tisch versteckte, weil sie ohne Haube dasaß. Und ich weiß aus dem ersten und zweiten Weltkrieg von Schwestern, und zwar von freien, die, als man sie nachts eilig auf die Station holte, zwar ohne weiteres im Schlafrock, aber nie ohne Haube kamen. Fliedner, der Gründer des ersten Diakonissenhauses (Kaiserwerth), beruft sich wegen der Haube als Tracht ausdrücklich auf 1. Korinther 11/10. Dort heißt es in der Übersetzung von Pfäfflin: »Eben deswegen muß die Frau auf ihrem Haupt ein Zeichen dafür tragen, daß sie unter Obhut steht.«

Hinter Dußlers Zitat und hinter dem Ausspruch der Oberin steckt also mehr als ein boshafter Scherz.